尋龍點穴
심 룡 점 혈

국립중앙도서관 출판예정도서목록(CIP)

심룡점혈 / 지은이: 최명우. — 서울 : 상원문화사, 2015
    p. ;   cm

한자표제: 尋龍點穴
ISBN 979-11-85179-13-1 03180 : ₩27000

풍수 지리[風水地理]

188.4-KDO6
133.3337-DDC23   CIP2015013713

尋龍點穴
심 룡 점 혈

謙山 崔明宇 著

祥元文化社

서문

풍수서적은 汗牛充棟(한우충동)할 정도로 많아 평생 동안 읽어도 시간적 한계가 있을 것이며, 설령 모든 책을 읽어 볼지라도 진정한 의미를 파악하는데 많은 어려움이 있을 것이다.

이에 필자가 그동안 淸溪(청계) 盧載九(노재구 : 1909~2008) 사부님에게 배우고 현장에서 體得(체득)한 形氣風水(형기풍수)의 원리와 이치를 현대인의 감각에 맞추어 이해하기 쉽도록 본서에 표현하였다.

다만 의미 전달에 초점을 둔 나머지 거친 표현이나 내용의 순서상 뒤섞인 難稿(난고)에 대해 海量(해량)이 있기를 바라며, 이 책을 보신 분들은 진정한 明師가 되기를 바란다.

2015년 2월 14일

謙山(겸산) 崔明宇(최명우)

〈西山大師의 선시禪詩〉

踏雪野中去 _ 답설야중거

不須胡亂行 _ 불수호란행

今日我行跡 _ 금일아행적

遂作後人程 _ 수작후인정

【역문】

눈 덮인 산속을 앞서 걷는 사람은,

행여라도 길을 잘못 들지 마라.

지금 내가 남기고 가는 발자국은,

뒷사람의 이정표가 될 것이니.

001
風水地理의 五科(오과)

風水地理의 五科는 龍·穴·砂·水·向으로, 이중에
  ① 龍穴砂水는 形氣風水이고
  ② 坐向과 時期는 理氣風水에 해당된다.

古書에 이르기를 『相地認穴第一難事상지인혈제일
난사 尋龍雖易裁穴難심룡수역재혈난』이라고 하여,
裁穴(재혈)이 가장 어렵기 때문에 裁穴하는 방법
을 위주로 풍수 공부를 하여야 한다.

龍·砂·水는 제아무리 잘 알아도 裁穴하는 방법
과 원리를 모르면 '헛똑똑이'에 불과하다.

6

002
龍이란?

陰宅에서 來龍은 變化無常(변화무상)하여야 한다.
변화에는 屈曲(굴곡), 起伏(기복), 剝換(박환), 逶迤
(위이), 跌斷(질단) 등이 있다.

다만 『陽來一片 陰來一線 양래일편 음래일선』이라
하여, 陽宅의 마지막 來龍은 마치 부채살처럼 넓
게 펼쳐서 내려오는 것이 적당하다.

陰宅의 來龍은 한 가닥으로 뭉쳐서 내려와야 좋
은 來龍이 된다.

....
● **변화무상** ☞ 변화가 대단함
● **박환** ☞ 거친 것이 부드러워짐
● **위이** ☞ 구불구불함
● **질단** ☞ 끊어질 듯 다시 이어짐

003

龍長穴拙(용장혈졸)

'龍長穴拙(용장혈졸)'이란, 陰宅의 穴場은 마치 단단한 호두알처럼 생겨야 한다.

만약 穴場이 무더운 여름철에 개의 혓바닥이나 소의 불알처럼 축 늘어져 있으면 이미 명당이 아니다. 睾丸(고환)이 늘어지고 처져 있다면 무슨 힘이 있겠는가!

음식에 비유하여 말하자면, 쫄깃쫄깃한 '쫄면'과 '불어터진 국수가닥'의 차이이다.

8

004
龍의 行止(행지)

裁穴法(재혈법)으로 가장 중요한 이치는 龍이 行하다가 止하는 곳이 穴이 있다. 움직이고 있는 것이 멈추면 바로 변화이며 혈이 된다.

움직이는 것 자체는 당연히 변화이지만, 움직이다가 멈추는 것도 변화이다.

즉 行(:動, 縱[종:세로])하다가 止(:靜, 橫[횡:가로])하는 것도 변화의 일종이며, 止가 되는 장소가 바로 穴이 된다.

마치 자동차가 시동이 켜진 상태로 제자리에서 움직이지 않고 신호를 기다리고 있는 모습(靜中動)이 바로 穴이라고 비유할 수 있다.

9

005

石脈(석맥)의 剝換(박환)

來龍의 脈(맥)이 穴場 근처에 이르러서는 剝換(박환)이 되어야 한다.

만약에 剝換되지 않은 거친 암석은 凶(흉)작용을 하는데, 특히 암석의 모서리가 墓(묘)나 건물을 향하여 衝(충)하면 더욱 흉하다.

● 剝換(박환) : 일명 '脫殺(탈살)' 또는 '脫卸(탈사)'라고도 하며
'殺氣를 벗는다'는 의미이다

● 剝 ☞ 벗길 박
● 換 ☞ 바꿀 환
● 卸 ☞ 풀 사

10

006

衝起樂宮無價寶(충기낙궁무가보)

將大鴻(장대홍)의 저서인 《天元五歌》에 나오는
『衝起樂宮無價寶(충기낙궁무가보)』의 의미는 形
氣風水이론상 衝(충)하더라도 理氣理論상으로
旺氣(왕기)가 되면 오히려 벼락부자가 된다는 의
미이다.
다만 運이 변하면 退氣(퇴기)가 되므로 조심하여
야 한다.

007

穴의 左右裁穴法(좌우재혈법)

穴은 항상 힘이 있는 쪽으로 이동하여 結穴(결혈)
된다. 穴의 위치를 좌우로 조정하는 방법은 上下
조절보다는 비교적 쉬우나 소홀이 하여서는 안
된다.

穴의 좌우를 결정할 때에 傾斜(경사)가 심하게 진
쪽으로 이동하여 結穴된다.

이 원리는 힘이 있는 곳으로 이동하여 저울처럼
均衡(균형)이 잡혀야 안정감이 생기기 때문이다.

● 挨 밀칠 애 = 推 밀 추

008
穴의 上下裁穴法 (상하재혈법)

穴場의 入首 쪽 부분의 傾斜(경사)가 급하면 穴은
경사진 곳으로 穴心을 위쪽으로 이동하여 맺히
고, 경사가 완만하면 혈은 唇氈(순전) 쪽으로 이동
하여 맺힌다.

◉ 唇氈(순전) : 묘의 앞쪽에 절하는 곳

13

009
穴場의 범위를 볼 때에

穴場을 볼 때에 墓域(묘역)에 심어 놓은 잔디를 경계로 穴場의 범위라고 착각하기가 쉽다. 이러한 실수를 아주 잘하니 初學者(초학자)는 각별히 조심하여 관찰하여야 한다.

그래서 穴場의 아랫부분의 주위를 천천히 돌아보면 재혈하는데 많은 도움이 된다.

14

010
풍수지리 공부법

풍수지리는 核心(핵심)을 파악하고 急所(급소)를 찾을 줄 알아야 한다. 裁穴(재혈)을 제대로 할 줄 알아야 한다는 의미이다.

裁穴 공부는 소홀히 하고, 주변의 天馬砂(천마사)니, 文筆逢(문필봉)이니, 貪狼木星(탐라목성)이니, 巨門土星(거문토성)이니 하며 砂에 대해 비중을 두고 공부한다면 죽었다가 깨어나도 풍수지리의 핵심이 되는 재혈하는 방법을 알 수가 없다.

011
天作과 人作

來龍과 穴은 절대로 人作(인작)으로 만들어지지 않는다. 묘지를 조성하면서 入首(입수)와 脣氈(순전)을 보기 좋게 人工으로 만드는 데 효과는 전혀 없다. 따라서 脣氈을 人工으로 만들고 석축을 높이 쌓은 묘이라면 이미 명당이 아니다.

다만 莎城(사성)을 쌓아 바람을 적당히 막아 주는 작업은 무난하다.

사성도 명당이라면 불필요한 蛇足(사족)에 불과하다. 다만 砂(사)와 水(수)는 인공으로 보완할 수 있다.

● 사성 ☞ 묘의 뒷부분을 흙으로 둥그렇게 쌓아 둑처럼 만든 것

012
裁穴(재혈)은 정확성이 중요하다

명당 찾기는 신속이 아니라 정확이다. 裁穴(재혈)에 자신이 없으면 후일을 기약하는 것이 현명하다.

'의사는 사람 많이 죽여야 名醫(명의)가 된다'는 말은 경험을 중시한 의미의 좋은 표현이지만, 風水地理에서의 실수에 대한 결과는 피해가 막대하기 때문에 한 번도 실수를 해서는 안 된다.

013

脣氈(순전)의 入首(입수) 차이

入首도 당연히 중요하지만 入首 못지않게 脣氈
(순전)에 비중을 두고 보아야 한다.

1️⃣ 入首가 좋으면 조상의 덕이 많고, 脣氈이 좋으면
自手成家(자수성가)한다.

2️⃣ 入首만 좋고 脣氈이 좋지 않으면 말년이 좋지
않고,

3️⃣ 入首는 별로지만 脣氈이 좋으면 초년에는 고생
을 하여도 말년이 좋다.

......

● **脣** ☞ 입술 **순**
● **氈** ☞ 양탄자 **전**

18

014
脣氈(순전)이 필요한 진짜 이유는?

脣氈이 필히 있어야 하는 분명한 이유가 있다.
예를 들어 100m 육상경기에서 선수가 전력질주
를 하는데 결승점을 통과하고도 십여 미터 이상
의 여유 공간이 필요하듯이, 여유 공간이 바로 脣
氈(순전)이며 餘氣(여기)의 의미를 가지고 있다.

015
來龍과 穴

來龍(부모에 해당)이 좋아야 역시 穴(본인에 해당)도 좋다.

그러나 平地龍에서 蛛絲馬跡(주사마적)으로 내려온 來龍은 힘이 강하다. 來龍이 약하게 보여도 명당이 된다.

형국론으로는 蓮花浮水(연화부수), 黃龍負舟(황룡부주), 玉女織錦(옥녀직금) 같은 명당이다.

◉ 蛛絲馬跡(주사마적) : 거미줄이나 말의 발자국

....

- 蛛 ☞ 거미 주
- 跡 ☞ 자취 적
- 織 ☞ 짤 직
- 錦 ☞ 비단 금

016
棺은 제일 싼 제품이 좋다

오동나무 횡대, 향나무나 옻나무, 소나무에 옻칠
한 관 모두 다 땅 속에 묻히면 어차피 결국에는 썩
기 마련이다.

관은 소나무나 대나무로도 충분하다. 향나무 관
을 사용하면 향나무의 香(향) 때문에 벌레가 살지
못한다고 하는 설이 있는데, 속설에 불과하다.

017
山地龍과 平地龍의 차이

1 山壟之勢(산롱지세：山地龍)에서는 바람〔藏風〕을
   중요하게 보고,

2 平野之勢(평야지세：平地龍)에서는 물〔得水〕을
   위주로 본다.

●壟 ☞ 언덕 롱
●藏 ☞ 감출 장

018
풍수 공부하는 방법

항상 穴을 기준으로 '있는 그대로' 보면 된다.

형기풍수는 불과 몇 년 만에 다 배울 수 있는 學術(학술)이 아니다.

먼저 풍수지리에 대한 학술적 기본이 있어야 하고, 동시에 현장 踏山(답산)을 통하여 體得(체득)하여야 한다.

그런 다음에 「육감(六感 : 望氣法 또는 氣感法이라고도 함」도 참고하면 좋다. 그런데 처음부터 육감에만 의지하여 풍수 공부를 하면 크게 후회할 날이 있게 된다.

●踏 ☞ 밟을 답

019
전체와 부분

통합하여 전체를 보고, 분석하여 부분을 보고, 다시 통합하여 전체를 본다.

통합하여 볼 줄은 모르고 분석만 하여 보면 풍수지리는 다 도망가 버린다.

24

020

석물은 床石(상석) 하나면 충분하다

床石(상석) 이외에는 石物을 하지 않는 것이 좋다.
床石 이외의 석물은 百害無益(백해무익)하다.
石物의 피해도 크기와 거리에 따라 정도가 다르
게 나타난다. 빠른 경우에는 用事(용사)하는 當日
(당일)에 피해를 보는 경우도 있다.

●床 ☞ 밥상 상

25

021

床石은 밥상이고 封墳은지붕이다

묘를 구경하는데 床石(상석)은 밥상에 해당되므
로 상석에 올라가거나 앉는 것은 실례가 된다.

다만 封墳(봉분)은 지붕이나 아파트의 위층에 해
당되니 올라가도 무관하지만 그래도 역시 실례가
되지 않도록 조심하여야 한다.

26

022
잔디가 죽는 이유?

대개 封墳(봉분)의 잔디가 죽는 이유는 長谷風(장
곡풍)을 맞거나, 소나무 그늘에 묘가 있거나, 좌향
이 空亡(공망)에 걸리기 때문이다. 이러한 이유로
잔디가 죽고 봉분도 쉽게 무너진다.

◉ 長谷風(장곡풍) : 골짜기 바람

수맥 때문에 잔디가 죽는 것이 아니다

023

案山이 경사지면 明堂이 아니다

案山이 경사지면 후손들의 인생도 무정하게 미끄
럼을 탄다.

案山이 無情한데 어찌 명당이 될 수가 있겠는가.

穴의 眞僞(진위)를 판단하는데 가장 쉬운 방법 중
의 하나이다.

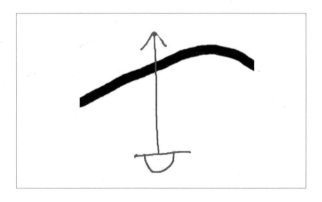

28

024
도심지에서의 山과 水

아파트 같은 건축물은 山으로 보고, 道路(도로)는 물로 간주한다. 墓(묘)나 건축물보다 높은 고가도로는 山中水로 본다.

나무숲의 경우는 藏風(장풍) 역할을 하기 때문에 山으로 보기는 보지만 미약한 山이 된다.

025
砂水의 有情과 無情

穴 주변의 山이나 水의 吉凶을 볼때에 제일 중요
한 것은 有情과 無情으로 나누어 간단하게 보면
된다.

주변의 山水가 穴을 감싸면 有情하고, 배반하면
無情이다.

026

音을 모르면 줄을 퉁기지 마라

요즘 인터넷 사이트나 서적에 나오는 看山記(간산
기)를 보면 明堂을 소위 凶堂으로 소개하기도 하
고, 凶堂은 明堂이라고 소개한 글이 종종 있다.
音을 모르면 줄을 퉁기지를 마라.

●看 ☞ 볼 간

31

027
形局論은 몰라도 된다

形局〔또는 物形〕은 전체적인 局을 遠見(원견)하여 알아내고 形局의 이름을 짓는데 이것이 風水의 본질은 아니다. 초학자는 形局論에 너무 얽매이면 안 된다.

形局論는 오랫동안 踏山(답산)을 하다 보면 저절로 터득하게 된다.

참고로 형국론에 관한 좋은 풍수서적으로는,
《玉髓眞經(옥수진경)》《喝形取類(갈형취류)》
등이 있다.

．．．．．．．．．．．．．．．．．．．．．．．．．．．．
● 髓 ☞ 골수 수
● 喝 ☞ 부를 갈

028
최근의 사설 공원묘지

최근에 만든 사설 공원묘지에는 明堂이 드물기 때문에 사설 공동묘지에 묘를 쓸려면 차라리 火葬(화장)하는 것이 더 좋다.

다만 공원묘지를 선택할 때에는 오래된 공원묘지 는 그런대로 무난한 공원도 있다.

029
來龍과 玄空風水의
四局과의 관계

① - ❶ 直龍入首 : 主山이 크고 가깝고, 遠案은 旺山旺向

① - ❷ 直龍入首 : 主山이 멀고 작고, 近案은 雙星會向

② - ❶ 橫龍入首 : 水纏玄武(수전현무)이고, 전면은 평탄

하고 無水이면 雙星會坐

② - ❷ 橫龍入首 : 全面에는 有水이고, 近案은 雙星會向

③ 飛龍入首 : 旺山旺向

④ 潛龍入首 : 旺山旺向

⑤ 回龍入首 : 雙星會向

직룡입수　　횡룡입수　　비룡입수　　잠룡입수　　회룡입수

● 纏 ☞ 얽힐 전

030
山을 보는 첫 번째 사항

明堂을 찾을 때에는 먼 곳에서, 산의 向背(향배)를 우선적으로 보고 혈의 有無를 미리 판단한다.

高手가 되면 산의 初入(초입)에서 발걸음이 무거우면 대개 吉地가 아니고 凶地인 경우가 많다.

●背 ☞ 등배

031

望氣法(망기법) : 비석보고
길흉판단법

碑石(비석)이나 床石(상석), 望柱石(망주석)이 있으면 돌의 상태〔돌이끼〕를 보고 대개의 吉凶을 판단하는 방법도 있는데, 여기에 너무 의존하면 안 되고 참고만 하여야 한다.

역시 항상 龍穴과 砂水에 근거하는 것이 대원칙이다.

●望 ☞ 바랄 망

36

032

天機漏洩(천기누설) 하면?

明堂을 함부로 가볍게 공개하면 안 된다. 天機漏洩(천기누설)에 따른 부작용으로 공개한 사람에게 화가 미친다.

明堂에 들어갈 자격이 있는 亡人(망인)이 명당을 차지하는 것이 당연한 이치 아니겠는가!

地官(지관)은 좋은 吉地를 알고 있어도 함부로 자리를 주면 안 된다.

◉ 亡人(망인) : 죽은 사람

033

來龍은 1-2절만 보면 된다

來龍을 볼 때에는 穴後의 2節까지만 보아도 충분하다. 무엇을 보든지 간에 항상 穴에서 가깝게 있는 것이 중요하다.

특히 明堂이 아닐 경우에는 가까운 것을 더욱 중요하게 본다.

明堂이 아니라면 멀리 있는 좋은 산이나 물은 그림의 떡에 불과하다. 이것을 公山公水라고 하는데, 비유하자면 공동화장실이 된다.

034
觀相은 玄空風水와 같은 이치이다

풍수를 제대로 공부한 풍수사라면 觀相(관상)은 저절로 알게 된다.

바꾸어 말하자면 관상 공부를 하면 풍수지리 공부에도 많은 도움이 된다. 왜냐하면 세상의 모든 이치는 一脈相通(일맥상통)하기 때문이다.

035

裁穴(재혈)은 핵심을 찔러야 한다

특히 陰宅風水에서의 穴을 찾는 방법은 장기에
서 宮을 잡으면 장기판이 끝나는 것과 같으므로,
寸鐵殺人(촌철살인)의 방식으로 핵심[穴]을 찔러
한 방에 보내야 한다.

풍수지리에서 가장 중요한 것은 裁穴(재혈)이다.

40

036

형기이론은 암기가 아니고 이해다

항상 왜[이치]에 대해 고민하여야 한다.
學問(학문)이란 이치에 대해 질문을 하는 것이다.

⊙ 學問(학문)

❶ 지식을 배워서 익힘. 또는 그 지식.

❷ 일정한 이론을 바탕으로 전문적으로 체계화된 지식.
인문 과학, 자연 과학, 사회 과학을 통틀어 이르는 말이다.

⊙ 學文(학문)

《주역(周易)》,《서경(書經)》,《시경(詩經)》,《춘추(春秋)》, 예(禮),
악(樂) 등 시서 육예(詩書六藝)를 배우는 것.

037

今時發福(금시발복) : 물이 가깝다

금시에 발복하는 穴은 불과 반경 30여 미터 안에
있는 산과 물로 판단한다.

이때 적은 양의 도랑물만 있어도 천석꾼 부자가
될 수 있다.

한 뼘도 채 되지 않는 도랑물로 부자가 된다는 말
이 과연 정말일까? 정말이다.

다만 今時發福은 대개 오래가지 못하는 경우가 많
다〔速發速敗(속발속패)〕.

42

038

理氣無用論(이기무용론)에 대해!!!

形氣風水만 공부한 사람은 명당이라면 이미 理氣風水 이론으로도 자연적으로 맞게 되어 있기 때문에 이기풍수는 굳이 배울 필요가 없다고 주장한다.

그러나 천만에 말씀이다. 그런 사람은 시계가 고장이 나서 바늘이 돌지 않는 시계를 두고 '하루 24시간 중에 두 번은 정확하게 맞는다'며 우기는 사람과 같다.

039
入首에서 裁穴까지의 龍

裁穴(재혈)의 마지막 단계에서, 특별히 좋은 吉地
의 경우 입수에서 穴心까지 'S자 (또는) Z자' 모양
으로 1~2번 좌우로 꺾어 흔든다.

이에 따라 裁穴과 坐向이 조금 달라진다. 이 이론
은 조금 어렵지만 그래도 유심히 땅의 모양을 살
펴보면 알 수 있을 것이다.

마치 연어가 폭포를 뛰어오를 때 꼬리를 세차게
흔들어 주는 이치와 같다.

040

用事 전에 穿壙(천광) 작업

陰宅에서 실수를 하지 않기 위한 방법으로 사전
에 穿壙(천광)할 장소를 미리 파서 확인하는 작업
은 현명한 방법이다.

사전에 확인작업을 한다고 하여 風水師의 체면
이 구겨진다고 생각하면 안 된다.

음택은 후손에게 영향력이 대단하여 아주 중요한
일이므로 風水師는 설령 최고는 아니더라도 최
선을 다하여 일을 하여야 한다.

● 穿 ☞ 뚫을 천
● 壙 ☞ 구덩이 광

041

消骨(소골)이 되는 이유?

간혹 유골이 消骨(소골)되어 있으면 凶象이다. 穿壙(천광)의 땅바닥을 잘 살펴보면 뼈의 색깔이 약간 진한 회색으로 유골 모양의 흔적이 바로 땅에 녹아 남은 유골이다.

遺骨(유골)이 녹는 이유는 토양이 산성 土質(토질)이기 때문이다.

이에 반해 알칼리 성분이 많은 땅의 유골은 천년이 지나도 그대로 남아 있다.

● 消骨(소골) : 뼈가 녹아 흙만 남아 있음

● 消 ☞ 사라질 소
● 遺 ☞ 끼칠 유

46

042
소골된 경우의 이장법

소골된 경우에 이장하는 방법은 穿壙(천광) 속의
흙을 담아 이장하면 된다. 흙을 담을 때에는 문패
정도의 크기로 3~5개를 만들어 이동하면 편리하
다. 흙을 담을 때에 廣木(광목)을 사용하면 아주
편리하다. 葬事(장사)하는데 광목 한 필을 필수품
목으로 가지고 다니면 편리하고 긴요하게 사용할
때가 많다.

● 穿 ☞ 뚫을 천
● 壙 ☞ 구덩이 광

043

破墓地(파묘지)에 묘를 쓰면?

破墓地(파묘지 : 일명 구광지(舊壙地))에 묘를 쓰면 凶하다고 하는데, 속설에 불과하다.

예를 들면 이사 간 집에 다른 사람이 또 입주하여 사는 것이나, 임산부가 출산한 뒤에 또다시 임신하는 이치와 같다. 실제로 破墓터에 묘를 쓰고 發福을 받은 사례는 많이 있다.

파묘지에 묘를 쓰면 흉하다고 하는 이유는 아마 用事한 결과 發福이 없었거나 흉한 일이 발생하였기 때문에 이장하게 되었을 것이라는 막연한 추측때문이다.

48

044
來龍과 發福의 속도

穴을 기점으로 가까운 즉 入首龍(입수룡)의 起伏 (기복)이 심하거나 경사가 심하면 發福이 빨리 오는 경우가 많다. 이 경우의 발복은 대개 人丁(인 정)으로 발복이 따른다.

人丁 발복이란 먼저 기본적으로 出産(출산)을 의미하며, 穴의 정도에 따라 승진되거나 질병이 완쾌되고 수명 장수하게 된다.

045

사력토는 물이 스며든다

淋頭水(임두수)가 穴後에서 내려오고, 土質(토질)이 푸석푸석한 砂礫土(사력토)로 된 토질은 설령 生石灰(생석회)로 穿壙(천광) 작업을 튼튼하게 잘 했을지라도 棺(관) 속에 물이 스며든다.

凝集力(응집력)이 뛰어난 땅은 설령 생석회를 사용하지 않았다고 하더라도 '천광 다지기'를 잘 하면 穿壙(천광)에 물이 들어가지 못한다. 그래도 역시 생석회를 사용하고 '灰다지'를 잘 하여야 한다.

- ●砂 ☞ 모래 사
- ●礫 ☞ 자갈 력
- ●凝 ☞ 엉길 응

046
풍수지리에서의 등산 요령

穴을 찾는 방법은 올라가면서 살펴보고 다시 내려오면서 재혈을 한다. 그리고 천천히 걸어야 하지 않겠는가!

《雪心賦(설심부)》에 이르기를,
『留心四顧유심사고 緩步重登완보중등_마음을 머무르고 사방을 돌아보며 느린 걸음으로 자주 올라야 한다』고 하였다.

● 留 ☞ 머무를 류
● 顧 ☞ 돌아볼 고
● 緩 ☞ 느릴 완

047

假花(가화)를 조심하라

眞穴(진혈) 주변에 假花(가화)를 만들어 놓으면, 속기 쉽기 때문에 아주 조심하여야 한다.

세상만사는 본래 好事多魔(호사다마)이고 명품이 있으면 짝퉁이 생기기 마련인 것과 같은 이치이다.

◉假花(가화) : 가짜 혈

●假 ☞ 거짓 가
●魔 ☞ 마귀 마

048

明堂土는 客土(객토)이다

穿壙(천광)에 소위 명당토(장례업자가 판매하는 흙)나 숯을 바닥에 깔고 그 위에 유골을 모시는 경우가 있는데, 모두 소용 없고 쓸데 없는 작업이다.

명당토는 客土(객토 : 내 살이 아니고 남의 살이라는 의미), 즉 남의 살이기 때문에 본래의 흙과 이질감이 있으므로 백해무익할 뿐이다.

049
변화의 이치

현장에서 形氣風水로 어려운 문제에 봉착되었을 때에는 "변화"를 생각하면 문제가 풀린다.

道라는 것은 별것이 아니고 '변화의 이치'이다.

변화하지 않으면 死(사)이고 변화하면 生(생)이다.

玄空風水에서 伏吟(복음)을 死局(사국)이라고 하는 이치와 같다.

『天心正運(중궁숫자)이 一變하면

陽은 陽이 아니고

陰은 陰이 아니다.』

54

050
氣를 측정한다는 도구는?

地氣를 측정한다는 각종 로드(road), 錘(추) 등의 측정도구를 이용하여 明堂을 잡을 수가 있을까? 만약에 도구를 이용하여 吉地에 用事하고 發福받은 사례가 있었다면 내놓아 보아라.

다만 풍수지리에 처음 입문하는 사람들이 이에 대해 현혹되기가 십상이지만 첫 단추를 잘못 끼우는 어리석음을 범하게 될 것이며, 언제가 때가 되면 후회가 막심할 것이다.

051
風水地理의 3대 요소

1 山水(：形氣 ; ❶龍 ❷穴 ❸砂 ❹水)

2 坐向(：理氣 ; ❶下卦 ❷替卦 ❸大小空亡)

3 時期(：理氣 ; 8元9運)

시기를 兩元8運으로 보는 방법이 있는데 이를 일명 大卦派(대괘파)라고 하는데 아직 더 연구해야 할 이론이다.

참고로 근대 현공풍수의 宗師(종사)인 將大鴻(장대홍 : 명말청초의 풍수 대가)의 풍수서적에는 3元9運 이론을 적용하고 있다는 사실에 유의해야 할 것이다.

56

052

内功(내공)이 깊으면 道士이다

道士라는 것이 별것이 아니다.

가난한 자가 거부를 만나도 氣죽지 않으면
道士이고

저학력자가 고학력자를 만나도 氣죽지 않으면
道士이고

호박꽃이 양귀비꽃을 만나도 氣죽지 않으면
道士(도사)이다.

外功은 學歷이고
内功은 學力이다.

053
양서 소개

1 《아홉 살 인생_위기철 著》
2 《소나기_황순원 著》
3 《정민의 한시 이야기》
4 《독일인의 사랑_막스뮐러 著》
5 《道德經(도덕경)_노자 著》
6 《金剛經(금강경)》
7 《루바이아트_페르시아 시집 著》
8 《바이블》
9 《어린왕자_생텍쥐페리 著》

사랑할 줄 모르고
감동할 줄 모르고
음주 가무를 즐길 줄 모르면
고급 형기풍수를 배우기 어렵다.

054
좋은 영화

1 《집으로 가는 길_중국영화》

2 《인간의 조건_일본영화》

3 《철도원_일본영화》

4 《변검_중국영화》

5 《현 위의 인생_중국영화》

6 《광해_한국영화》

7 《바람의 전설_한국영화》

《광해》에서 '류승룡'의 연기가 돋보이더라.

055
來龍의 動靜

『勿謂造化難明(물위조화난명),
觀其動靜可測(관기동정가측)』

【역문】

(地理의) 造化를 알기가 어렵다고 하지만,

(來龍의) 動靜을 잘 살펴보면 (穴을) 찾을 수 있다.

◉動=行=縱(세로 종)
◉靜=止=橫(가로 횡)

056

騎龍穴(기룡혈 : 말 안장혈)

대표적인 기룡혈은

1 청주시 한산이씨 한란의 묘

2 경기도 남양주 김번의 묘

3 전북 익산 미륵산의 강백원의 조상 묘

騎龍穴은 현장에서 직접 보아야 알 수 있다. 기룡혈은 고수가 되어야 진위를 구별할 수 있다.

騎龍穴은 脣氈(순전)에서 계속 이어진 餘氣(여기)가 다시 한 번 솟아올라 自起案(자기안)을 만들어야 한다.

自起案의 기운은 다시 穴心으로 뒤돌아오기 때문에 좋은 명당이 된다.

●騎 ☞ 말탈 기

057
案山에 너무 현혹되지 마라

案山을 너무 탐하다가 자칫 龍과 穴을 소홀히 하면
낭패한다.

風水를 잘 아는 사람은 龍과 穴을 취하여 결정하는
데, 풍수에 어두운 사람은 砂나 水, 쓸데없는 것에
현혹된다.

廖公(요공 : 요금정)이 云하기를,

『龍賤若還砂遇貴(용천약환사우귀 : 내룡이 천하면 사가 귀하
더라도),

反變爲凶具(반변위흉구 : 오히려 흉으로 변하고)

砂賤若還遇貴龍(사천약환우귀룡 : 사가 천하면 귀룡을 만나도),

砂亦不爲凶(사역불위흉 : 사는 역시 흉이 되지 않는다)』

058

內壙(내광) 면적

移葬(이장)할 때 內壙(내광)의 면적은 되도록 작게 하여야 地氣를 많이 받는다. 호스에 물 구멍이 적당히 작으면 물이 먼 곳까지 가는 이치와 같다.

肉脫(육탈)이 잘 된 遺骨(유골)이라면 가로는 삽날 폭 정도인 약 20cm, 세로는 100cm면 충분하다.

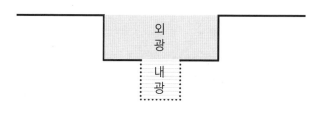

●脫 ☞ 벗을 탈

059
실력자 한 사람이면 충분하다

바둑 8급짜리 8명이 모였다고 초단이 되는 것이 아니다.

俗師(속사) 백 명이 모여도 明師(명사) 한 사람 실력 을 당하지 못한다.

◉俗師(속사) : 실력 없는 풍수사

穴心은 地氣가 뭉쳐 있는 한 지점을 찍어내는 어려움이 따른다고 하여, 소위 풍수사의 다수결로 평균을 내어 穴자리를 결정하는 것이 아니다. 나훈아 노래를 모창하는 가수는 많지만 나훈아는 한 명 뿐이다.

060
風水는 종교? 미신?

風水는 宗敎(종교)도 아니고 迷信(미신)도 아니다.
風水地理는 현재 수준의 과학 이상의 과학으로
오묘한 玄學이며 최고의 絶學(절학)이다.
그리고 風水 선생은 神적인 존재가 아니므로 風
水 선생을 神格化(신격화)하면 선생도 망하고 제자
도 같이 망하게 된다.

061
전망대는 吉地가 아니다

묘의 위치에서 주변을 바라보면 眺望(조망)이 시
원스럽게 펼쳐지면 明堂으로 착각하는데, 이러한
곳은 소위 '전망대 明堂'으로 정자를 지으면 좋은
터에 불과하다. 風水 초보자들은 이런 장소를 大
明堂으로 吉地라고 착각을 하더라.

'전망대 명당'은 대개 청룡과 백호가 없어, 즉 藏
風(장풍)이 되지 않으므로 氣가 모이지 않고 흩어
져 버린다. 이를 두고 洩氣(설기) 또는 散氣(산기)되
었다고 한다.

66

062
봉분과 건물의 높이

封墳(봉분)은 玄空風水로 비성반의 中宮숫자에 따라,

1 음수조합은 낮게
2 양수조합은 높게 만든다.

이 이론은 건축물의 면적과 층수에도 적용된다.

● 봉분을 만든 이유는, 봉분 아래에는 유골이 있다는 사실을 알려주기 위함이다.
● 봉분을 만들지 않고 매장하면 평장(平葬)이라고 하는데 묘의 지상권을 주장하는 데 어려움이 있다.

● 封 ☞ 봉할 봉
● 墳 ☞ 무덤 분

67

063
秘法(비법)에 너무 얽매이지 마라

尋春(심춘)

盡日尋春不見春 _진일심춘불견춘

芒鞋踏破隴頭雲 _망혜답파롱두운

歸來笑拈梅花嗅 _귀래소념매화후

春在枝頭已十方 _춘재지두이십방

온종일 봄을 찾았으나 못 찾고,

온 산을 헤매며 짚신만 닳았네!

돌아와 모퉁이에 매화를 보니,

봄은 가지마다 이미 와 있네!

064

玉帶砂(옥대사)를 놓치기 쉽다

가까이에 있는 案山이 玉帶砂(옥대사)로 되어 있
으면 뒤에서 받쳐주는 朝山(조산)으로 인하여 옥
대사가 잘 보이지 않으므로 지나치기 쉽다.

玉帶砂는 대부분 가까이에 있기 때문에 聚氣(취
기)하는 역할을 하는 중요한 砂이며, 發應(발응)은
貴人이 난다.

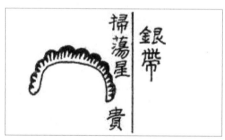

銀帶砂(은대사)

69

065

橫龍入首(횡룡입수)

橫龍入首에서는 꺾인 지점〔변화점〕을 入首(입수)로 간주한다.

횡룡은 꺾어진 자체가 入首 역할을 하므로 入首가 없다고 하지 마라는 의미이다.

橫龍訣穴은 귀성(鬼星 또는 樂山)이 여러 개이면 더욱 좋다.

70

066
炗다지(회 ㅡ) 방법

移葬(이장)시에 白灰(백회)보다 生石灰(생석회)를
사용하면 더욱 단단하여 좋다. 그리고 穿壙(천광)
의 변두리를 달굿대를 이용하여 다져주어야 雨
水(우수 : 빗물)가 들어가지 못한다.

포크레인으로 아무리 잘 다져주어도 內壙(내광)
의 변두리를 제대로 다지는 데 한계가 있다. 통나
무로 만든 달굿대를 이용하는 방법이 제일 좋다.

067
體와 用

體에 無用이면 不驗(불험)이고,
用에 無體이면 不靈(불령)이다.

형기와 이기가 모두 중요하다는 의미이다.
어린 아기에게 "아빠가 좋아? 엄마가 좋아?"라는
무식한 질문을 하여 天眞無垢(천진무구)한 어린 아
기를 혼란스럽게 만들지 마라.

● **驗** ☞ 증험할 **험**
● **靈** ☞ 영험할 **령**
● **垢** ☞ 때 **구**

068
遺骨(유골)의 유무

'身後之地(신후지지)'라고 하여 置標(치표)만 하여
놓은 자리[봉분만 있고 유골은 없음]인지, 아니면 오
래되어 묵은 묘[유골이 있음]인지 구분하는 방법은
좀 어렵지만 있기는 있다.

遺骨(유골)의 有無를 떠나 吉地에는 봉분의 잔디
에서 광채가 난다. 이때에 보는 방법이 바로 望氣
法(망기법)이라고 하는데, 다만 지나치게 관심을
가질 필요는 없다.

왜냐하면 많은 경험을 통하고 고수가 되면 저절
로 알게 되기 때문이다.

069

呼衝殺(호충살)

神殺(신살) 중에 하나인 호충살(호충살) 이론은 많은 경험에 근거해 맞지 않는 이론인 것 같다.

신살론에 너무 얽매일 필요는 없고, 단지 참고만 하면 된다.

74

070
산줄기와 龍의 차이

산줄기를 風水地理에서 특별히 龍(용)이라고 부르는 이유는, 산줄기가 마치 살아 있는 龍처럼 기복, 굴곡하는 변화가 많아야 좋다는 의미에서 龍이라고 부른다.

이 의미에 초점을 맞추어 龍의 중요성을 생각하면 來龍의 모양에 대한 진정한 의미는 '변화'가 있어야 한다는 것이다.

변화가 있으면 生이고
변화가 없으면 死이다.

75

071
둘레석의 부작용

둘레석을 만들기 위하여 龍尾(용미：묘의 뒷부분)를 절개하면 목덜미를 치는 격이 되므로 흉상이 되며 대개 穿壙(천광)에 물이 스며들게 되거나 잔디가 죽게 된다.

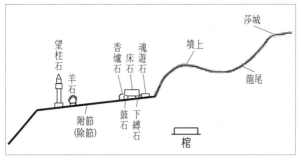

망주석-양석-개절(제절)-향로석-고석-상석-하박석-혼유석-관-분상-용미-사성

072
물과 發福기간

혈의 앞에 있는 물이 水纏玄武(수전현무)하면 發福
이 오래간다.

◉ 水纏玄武(수전현무) : 뒤를 감고 돌아감
= 逆水(역수)
= 山太極水太極(산태극수태극)

水纏玄武(수전현무)

77

073

형질이 인위적으로 바뀐 땅의 길흉?

소위 成形手術(성형수술)한 땅인 즉, 形質(형질)을
변경시켜 놓은 땅이다. 이런 곳은 경사면의 땅을
자세히 유추하여 보면 원래의 땅 모양을 짐작할
수 있다.

穴場은 풍수이론에 적합하도록 형질을 보기 좋
게 변경하여도 소용이 없다(16쪽 011번 참고).

074
봉분과 묘의 위치가 다른 경우

① 莎草(사초)를 하는 과정에서 특히 봉분을 크게 만들면서 봉분의 위치가 조금 다른 곳으로 이동되는 경우가 있다.

② 땅 속의 지하수 영향으로 棺(관)이 이동하는 경우도 있기는 있지만 아주 매우 드물게 나타나는 현상이다.

● 莎草(사초) : 무덤의 잔디를 새로 입히고 봉분을 새로 조성함

● 莎 ☞ 향부자 사
● 草 ☞ 풀 초

075

牛角砂(우각사)와 蟬翼砂(선익사)

첩신사에는 牛角砂와 蟬翼砂가 있다.

1 우각사(牛角砂) : 窩(와), 鉗(겸)에 있다.

2 선익사(蟬翼砂) : 乳(유), 突(돌)에 있다.

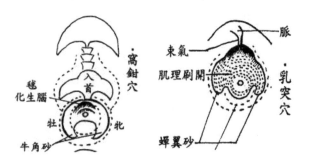

80

076

換天心(환천심)과 비석

현공풍수이론인 換天心(환천심)을 할 때에는 故人
(고인)의 성명이 새겨진 상석이나 비석을 없애고
다시 설치하여야 한다.

그 이유는 비석이나 상석에도 靈魂(영혼)이 깃들
기 때문이다.

077

학문을 배우는 데는 조건이 없다

風水地理를 배우는 데 학력, 경력, 나이, 선후배를
따지다 보면 風水地理 못 배운다. 누구에게든지
배운다는 것은 羞恥(수치)가 아니다.

『뒤에 사람이 있어도 늦을 수도 있고,
  앞에 사람이 있어도 빠를 수 있다.』

●羞 ☞ 부끄러워할 **수**
●恥 ☞ 부끄러워할 **치**

82

078

古塚(고총)을 보면?

묵은 고총이 여러 基(기)가 있으면, 왜 이 자리가
穴이 아닌가를 배울 수 있는 좋은 장소가 될 수
있다.

고총은 明堂 같지만 가짜 명당인 경우도 있고, 고
총 주변에 진짜 명당으로 남아 있는 경우도 있으
니 잘 살펴볼 필요가 있다.

바꾸어 말하자면 고총이 오히려 명당을 지키고
있는 것이다.

●塚 ☞ 무덤 총

83

079

裁穴(재혈)

穴을 찾는 방법은 올라가면서 살펴보고, 다시 내려오면서 裁穴(재혈)을 한다.

올라가면서 재혈할때와 내려오면서 재혈할때의 위치가 다를 수가 있다.

●裁 ☞ 짐작할 재

080

봉분만 틀어주면 좌향이 바뀔까?

혹자는 封墳(봉분)의 坐向만 틀어주면 坐向이 바뀐다고 하는데, 그럴까요?

절대로 그렇지 않다. 당연히 破墓(파묘)를 하고 棺(관)의 좌향을 바꿔주어야 좌향이 바뀌는 것이다.

081

合局이 되도록 억지로 坐向을 바꾸면?

玄空風水 四大局 이론에 맞도록 억지로 坐向을
바꾸면 안 된다.

본래의 자연적인 坐向에 따른 凶한 영향도 함께
받는다.

그러니까 땅에 대한 시기가 적합하지 않을 경우
에는 때를 가다려야 한다.

082
脈을 알아야 한다

『棺不離脈(관불이맥) : 관[穴]이 용맥을 벗어나면 안 됨

　脈不離棺(맥불이관) : 용맥에서 관[穴]이 벗어나면 안 됨』

이란 유명한 풍수 구절이 있는데, 이 말은 비록 쉬
운 표현이지만 중요한 이론이다.

083
水口砂

得水(득수)보다 항상 水口(또는 破)가 있는 쪽의 龍
虎砂가 중요하다.
得은 수입이 되고 破는 지출에 해당된다.

日月捍門(일월한문)

●旗 ☞ 깃발 기

084
吐舌(토설)과 평지룡

吐舌(토설)은 청룡사와 백호사의 藏風(장풍)이 되지 않으므로 흉상이다.

다만 평지룡에서는 크게 흉이 되지 않는다.

이유는 得水를 위주로 하기 때문이다.

◉吐舌(토설) : 길게 내민 혓바닥처럼 생긴 땅

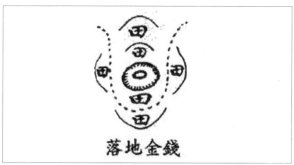

평지룡의 낙지 금전 형국

085

凶地➤保魄之地➤小明堂➤大明堂

保魄之地(보백지지)나 凶地에서 단번에 大明堂에 들어가는 수도 있을 수 있겠지만, 경험에 의하면 明堂에 들어가는 전에 단계적인 순서를 거쳐 들어가는 경우가 많다.

◉保魄之地(보백지지) : 흉이 없는 보통의 땅

●保 ☞ 지킬 보
●魄 ☞ 넋 백

086
空亡論의 적용

공망이론에는 坐向뿐만 아니라 정면의 案對(안대)
나 用神山이나 用神水나 水口 등 모두에게 적용
되는 이론이다.

공망 이기론을 형기풍수이론에 적용하면 검산하
는 방법이 되므로 길흉을 판단하는데 많은 도움
이 된다.

087
窩나 鉗의 명당

분명히 좋은 자리가 있을 법한 장소인데 乳나 突
의 명당이 없으면,

①주변에 窩나 鉗의 명당으로 되는 경우가 있다.
다만 窩나 鉗의 명당은 비교적 어렵기 때문에
조심해야 한다.

②粘法으로 된 곳을 찾아야 한다.

088

照天蠟燭(조천랍촉)

순전이 있는 자락에 마치 齒牙(치아)처럼 혈의 주
변에 가지런히 암석이 박혀 있는 곳은 聚氣(취기)
가 아주 잘된 곳이다.

형국으로는 照天蠟燭(조천랍촉 : 일명 촛불명당)의 명
당이 이렇게 생겼다.

照天蠟燭

- ●蠟 ☞ 양초 납
- ●燭 ☞ 촛불 촉

089
눈[眼力]이 중요

明堂이 되는 이유를 현장에서 당시에 이해하지 못하면, 못하는 것이다.

형기 공부를 하는 데는 눈[眼力]이 중요한 것이지, 촬영이나 메모가 중요한 것이 아니므로 차라리 눈만 가지고 다니는 것이 더 좋다.

사진 촬영은 시간이 남아돌 때에나 하는 것이다.

090
穴의 고저에 따른 빈도?

대개 높은 곳의 穴은 역량이 크지만 비교적 귀하고, 낮은 곳의 穴은 역량이 작지만 비교적 흔하게 있다.

仙人出神

眠木扦節

●扦 ☞ 장사할 천
●節 ☞ 마디 절

95

091

脣氈(순전)의 모양은 치마처럼

脣氈(순전)은 마치 치마를 널어놓은 것처럼 평평한 모양이고, 순전을 벗어난 그 아래쪽의 땅은 경사가 많이 질수록 좋다.

① 경사가 지면 聚氣(취기)

② 경사가 완만하면 洩氣(설기 또는 散氣)가 된다.

96

092

생일케익을 3번 자르기로 8조각?

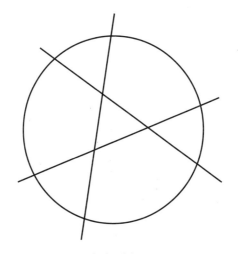

알면 쉽고

모르면 어렵다,

093

案山이 중요한 이유?

【문】 안산을 중요하게 보는 이유는?

【답】 싫든 좋든 간에 정면에 항상 보이기 때문이다.

● 覆 ☞ 뒤집힐 복 = 𠟻 복
● 釜 ☞ 가마 부

094

鬼星(귀성)

귀성은 없어도 되지만 穴을 안정하게 하는 삼발이
역할을 하기 때문에 있으면 더욱 좋다.
다만 귀성의 모양이 너무 길게 뻗어 내려가면 地氣
가 귀성을 따라 洩氣(설기)하기 때문에 좋지 않다.

(70쪽 065번 참고)

095
水口가 중요한 이유?

水口가 중요한 이유는 氣가 洩氣되지 않고 마지막으로 마무리를 하는 곳이기 때문이다.
수구도 내수구〔近水口〕가 외수구〔外水口〕보다 더욱 중요하다.

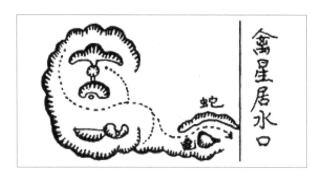

●禽 ☞ 날짐승 금
●龜 ☞ 거북 귀
●蛇 ☞ 뱀 사

096
千里行龍一席之地

「千里行龍不過一席之地(천리행룡불과일석지지)」라
고 하여 명당이 하나 있으면 그 근처에는 명당이
없는 경우가 대부분이다.

①乳, 突의 명당은 上下로 두 군데의 明堂이 있는
　경우는 극히 드물다.

②窩, 鉗의 명당은 左右로 두 군데의 明堂이 있는
　경우는 종종 있다.

097

朝山(조산)이 없으면?

案山(안산)만 있고 朝山(조산)이 없으면, 局이 작으
므로 大明堂이 되지 못한다.

102

098
祖宗山과 穴場의 비유

'祖宗山'이 과거의 學歷(학력)이나 조상의 배경
(백그라운드)이라면,
'穴場'은 현재 자신의 學力(학력)이다.

⊙ 學力(학력)

　　학문을 쌓은 정도. 用(용)

⊙ 學歷(학력)

　　학교를 다닌 경력. 體(체)

103

099

마지막 來龍이 중요하다

聲妓晩景從良, 一世之臙花無碍.
(성기만경종양　일세지연화무애)

貞婦白頭失守, 半生之情苦俱非.
(정부백두실수　반생지정고구비)

語云看人只看, 後半截眞名言也.
(어운간인지간　후반절진명언야)

【번역】

기생도 말년에 한 남편만 따르면,

한평생의 불장난이 허물이 안 되고,

열녀라도 노년에 정조를 버리면,

반평생의 수절이 모두 허사로다.

옛말에 이르기를 사람을 볼 때에는,

단지 그 생의 후반만 보라고 하였는데,

참으로 명언이다. 《채근담(菜根談)》에서

100
生과 死

가짜 혈은 '죽은 것〔死〕'이고
진짜 혈은 '죽은 것처럼〔靜〕' 있다.
겉모양은 비슷하게 보이지만
분명히 서로가 다르다.

비유하자면, 마치 신호를 대기하는 차량이 제자리
에서 움직이지는 않지만 시동은 걸려 있는 상태로
언제든지 앞으로 달려갈 자세가 靜이며 止이다.

101
體와 用

풍수이론상에서 가장 기본이면서도 가장 중요한
논리는 體와 用이다.
따라서 어려운 문제에 봉착하였을 경우에는 먼저
體와 用을 생각하면 해결이 될 것이다.

- -陰陽(음양)
- -體用(체용)
- -動靜(동정)
- -行止(행지)
- -主客(주객)
- -縱橫(종횡)

....

- ●縱 ☞ 세로 종
- ●橫 ☞ 가로 횡

102

脣氈(순전) 아래는?

순전 아래의 餘氣(여기)의 방향은 물이 나가는 방향과 반대 방향이 되면 나사를 조여 주는 격이 되어 더욱 좋다.

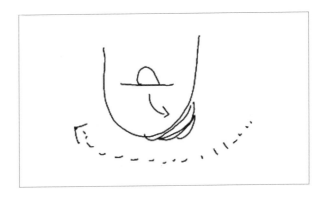

103

〈山星5〉

현공풍수이론으로

〈山星5〉가 있는 방위에 높은 山이 있으면 과감히

그 자리를 포기하는 것이 현명하다.

만약 이런 장소에 用事(용사)를 하면 젊은 사람이

죽게 된다. 다만 5運만은 제외된다.

104

동양의 *五術*(오술)이란?

① 相(상) : 풍수, 觀相, 手相
② 命(명) : 사주, 자미두수, 기문
③ 卜(복) : 점
④ 醫(의) : 침, 의술
⑤ 山(산) : 道敎, 冥想(명상)

풍수지리를 일명 '地相' 이라고 한다

105
지나친 正直(정직) =바보

너무 지나치게 正直(정직)한 것은 바보이다.

來龍이 변화가 없으면 바로 죽음(死)이고 변화가

있으면 생(生)이다.

106

圓暈(원훈)

吉穴에서는 光彩(광채)가 나며 圓暈(원훈)이 있다.

원훈은 자세히 보면 보이지 않고 私心없이 무심코 언뜻 보면 순간적으로 보이고, 가까이에서 보면 보이지 않고 먼 곳에서 보면 잘 보인다.

시간적으로는 변화하는 시점에 잘 보인다. 즉, 해질녘이나 해가 뜨는 시간에 잘 보인다.

그림으로 그려 설명할 수 없다.

107

砂格(사격) 보는 법

주변의 山水를 보는 방법은 遠近(원근), 大小(대
소), 有·無情(유무정), 美醜(미추), 淸濁(청탁), 色相
(색상) 등을 근거로 길흉화복을 감정하는데, 이들
중에서도 특히 원근과 대소에 비중을 두고 감정
하여야 한다.

●醜 ☞ 추할 추

108
실력의 고저

風水地理 실력에 있어서는 선후배도 없고 선생과 제자도 없다. 스승을 존경해야 하지만 진리를 사랑하여야 한다.

"보라, 나중에 시작했으나 먼저 될 사람이 있고 먼저 시작했으나 나중 될 사람이 있다.

《누가복음》13장

109
좌향을 측정할 때 주의점

坐向(좌향)을 측정할 때에 대개는 床石(상석)을 기준하여 측정하는 경우가 많은데, 상석이 바른 위치에 놓여 있는지를 먼저 살펴보고 측정하여야 한다.

상석의 무게 때문에 본래의 위치에서 벗어난 경우가 종종 있으니 조심하여야 한다.

이런 경우에는 長臺石(장대석)이나 長明燈(장명등), 碑石(비석), 文武人石(문무인석) 등에 근거하여 측정한다.

110
족보의 좌향은 믿을 수 없다

族譜(족보)나 상석에 기록된 좌향은 사실과 다른 경우가 의외로 많다.

족보의 좌향만 믿고 감정한다면 실수할 우려가 있으니 필히 현장에서 좌향을 측정하여야 한다.

그리고 天盤(천반)으로 측정한 坐向을 표기한 경우에는 1개 좌향의 오차가 발생할 수도 있다.

111

窩鉗(와겸)에 貼身砂(첩신사)

窩鉗(와겸)으로 된 穴은 청룡백호가 없어도 穴에
붙어 있는, 즉 貼身(첩신)의 牛角砂(우각사)가 있으
면 된다.

●貼 ☞ 붙을 첩

112

어설픈 실력으로 用事 (용사)하면

形氣風水 초보자에게 用事하는 현장을 보여주는
것은 바람직하지 못하다. 風水는 재혈이 어려운
것이지 묘지를 조성하는 것이 어려운 것이 아니
기 때문이다.

초급자에게 묘지 조성을 하는 것을 보여주게 되
면 風水地理가 아주 쉬운 것으로 착각하기 때문
이며, 어설픈 실력에 專業風水師(전업풍수사)로 나
가게 되며, 결과적으로는 惡業(악업)을 쌓게 된다.

117

113

脣氈(순전)에 암석은?

脣氈(순전)에 암석이 가로[橫] 방향으로 박혀 있으면 地氣가 洩氣(설기)되지 않는다.

이런 경우에는 암석의 아랫부분이 경사가 비교적 완만하여도 洩氣가 되지 않는 것으로 간주한다.

118

114
평지룡에서 혈 찾기

平地龍이며 穴場의 면적이 넓은 장소에서는 穴場
의 변두리에서도 角(각)이 진 곳에 結穴이 된다.

그물의 錘(추)가 어디에 달려 있는지를 생각하면
이해가 될 것이다.

평지룡에 관한 좋은 풍수서는 《水龍經(수룡경)》이
있으니 참고 바란다.

115
양택의 좌향은 3회 측정

陽宅의 좌향 측정은 다른 위치에서 여러 번 측정하여, 같은 좌향이 3번 이상 나와야 비로소 정확한 좌향이 된다.

116
羅經(나경)은 3개

감정이나 用事시에 羅經(나경)은 3개 이상을 가지고 있어야 한다.

- 포 **라**만상 包**羅**萬象 ☞ **나**
- **경**륜첨지 **經**綸天地 ☞ **경**

121

117

用事 전에 미리 穿壙(천광) 작업

裁穴(재혈)을 하였으면 用事 전에 미리 穿壙(천광)
하여 재혈이 정확한지의 여부를 확인하는 방법은
가장 현명한 방법이다.

◉ 穿壙(천광) : 구덩이를 파는 작업

수박장사가 수박을 팔 때에 수박의 일부를 잘라
잘 익었다고 보여주지 않는가!

118

穴深(혈심) : 혈의 깊이

風水 서적에 의하면 穴深(혈심)의 깊이는 坐向에 따라 깊이가 정해져 있다는 이론이 있기는 하지만, 참고만 하여야 할 부분이다.

땅을 파보면 저절로 알게 되므로 불필요하고 적합지 않는 이론이다.

다만 대개 窩兼(와겸)은 비교적 낮게 파고, 乳突(유돌)은 비교적 깊게 판다.

123

119

內脣氈(내순전)이란?

脣氈(순전)에는 內脣氈과 外脣氈이 있다.

①內脣氈이란 땅 속에 있는 脣氈으로, 땅 속의 암
석이다.

②外脣氈은 표면상의, 즉 눈으로 보이는 脣氈을
의미한다.

內脣氈의 땅은 穴心에 비하여 아주 단단하거나
암석으로 되어 있으면 좋다.

마찬가지 이론으로 入首(입수)도 같은 논리가 적
용되어 내입수와 외입수가 있다.

124

120
風水는 조화의 학술

아는 체하며 방정을 떨면 風水地理를 배우기가
점점 어렵게 된다. 처음에는 자신을 속이고 나중
에는 남을 속이게 된다.

내 몸을 남의 앞에 세우려고 하지 마라.

風水는 사람과 싸우는 공부가 아니라, 자연과 조
화를 이루는 학술이기 때문이다.

다만 자연은 無心하고 냉정할 뿐이고, 누구의 편
도 되어 주지 않는다.

『벼는 익을수록 고개를 숙인다.』라는 속담은 천하
의 명언이다.

121

書不盡言(서부진언) 言不盡意(언부진의)

形氣風水는 서적을 보는 것도 좋지만 서적은 근본적으로 많은 한계가 있다.

실력이 뛰어난 선생과 師弟同行(사제동행)하여 踏山(답산)하면서 눈으로 보고 가슴으로 느껴야 한다. 책과 선생을 잘 만나는 인연이 있어야 한다.

『교육의 질은 교사의 질을 능가하지 못한다.』

『書不盡言(서부진언) 言不盡意(언부진의)』

【출전】《周易》

문자로 말을 다하지 못하고,

말로 의미를 다하지 못한다.

122

蟬翼(선익)은 필수조건인가?

蟬翼(선익)은 있으면 더욱 좋지만 없어도 된다. 선익은 필수조건은 아니므로 선익사가 없어도 명당이 될 수 있다.

선익을 꽃에 비유하면 꽃수술을 감싸는 꽃잎받침에 해당되므로, 穴場을 가장 가까운 곳에서 보호해 주는 중요한 역할을 한다.

....
- 蟬 ☞ 매미 선
- 翼 ☞ 날개 익

127

123
안산과 조산

案山(안산)과 朝山(조산)이 겹겹으로 되어 있으면
百子千孫(백자천손)한다.

128

124

無脈地(무맥지)에 巖石(암석)은?

無脈地(무맥지)에서는 주변에 암석이 박혀 있으면
나쁜 영향이 크다.

즉, 무맥지는 자신이 힘이 약하므로 가까운 곳
에 암석이 있으면 인명이 致死(치사)에 이르기도
한다.

125
지표수와 지하수

穴이 물가에 있어도 땅 속에는 물이 없을 수도
있고,
穴이 산 속에 있어도 땅 속에서 물이 나올 수도
있다.

126
入首(입수)와 結咽(결인)

혈을 찾기 전에 먼저 入首處(입수처)를 찾는 것이
순서라고 하는데, 두둑하게 올라온 입수 지점이
없는 경우가 실제로 많다.

이때에는 結咽(결인 : 변화의 일종)을 먼저 찾아보
고, 좌우로 꺾어진 곳을 入首로 간주한다.

131

127
案山(안산)의 기울기

案山(안산)의 산줄기가 水口 방향으로 기울면 格
(격)이 떨어진다.

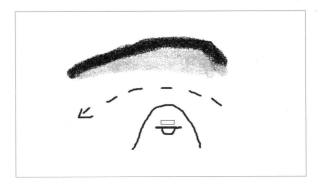

132

128

巖石(암석)의 近衝(근충)

巖石(암석)의 모난 부분이 가까이에서 封墳(봉분)
을 향하여 衝(충)을 하면 사람이 사고로 다치거나
죽게 된다.

129

自起案(자기안)

騎龍穴(가룡혈)에 自起案(자기안)은 일반적인 案山
보다 특별히 더욱 좋다.

① 青龍爲案(청룡위안 : 청룡가닥이 안산이 됨)

② 白虎爲案(백호위안 : 백호의 산줄기가 안산이 됨)

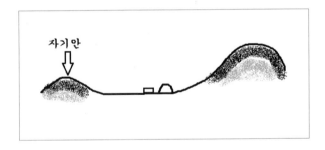

134

130
學問(학문)은 질문이다

學問(학문)은 질문을 통하여 배운 것인데, '왜[이치
와 원리]'에 대한 질문이 되는 것이다.
실력이 좋은 선생은 이치와 원리를 알려주고, 그
러하지 않는 선생은 정답만 가르쳐준다.

⊙學問(학문)

어떤 분야를 체계적으로 배워서 익힘. 또는 그런 지식.

⊙學文(학문)

《주역(周易)》,《서경(書經)》,《시경(詩經)》,《춘추(春秋)》, 예(禮),
악(樂) 등 시서 육예(詩書六藝)를 배우는 것.

131

明堂은 無價寶(무가보)

富者가 명당을 찾을 때에 地官(지관:風水師)은 정
당한 가격을 받아야 하는데, 사례를 적게 받은 地
官은 못난 地官이다.

한편 사례를 적게 한 富者의 조상은 항상 채무자
신세가 되어 地官의 조상을 만날까 가슴을 졸이
고 살게 된다.

不可空取(불가공취)는 '세상에 공짜는 없다'라는
의미이다. 사례비에 외상은 있어도 무료는 없는
것이다.

132
너에게 묻는다

너에게 묻는다

안도현 시인

연탄재 함부로 발로 차지 마라.

너는

누구에게 한 번이라도 뜨거운

사람이었느냐.

133
巖石으로 된 入首

入首(입수)가 巖石(암석)으로 되어 있으면 그 만큼
穴의 역량이 크고 좋다.

138

134

砂礫(사력) 土質(토질)

땅이 砂礫(사력)으로 되어 있을 경우는 절대로 吉
地가 될 수 없다. 그래도 깊은 곳에는 土質(토질)이
좋을 수 있으니 깊게 파보야 한다.

◉ 砂礫(사력) : 모래와 작은 돌이 섞여 있는 땅

● 礫 ☞ 자갈 력

139

135
사망시기와 이장시기의 차이

단순히 사망시기로 玄空理氣법을 적용하여 감정을 하는데, 간혹 이장을 한 경우가 있었는지를 알아 보아야 한다.

작은 실수가 運을 달리하여 적용하면 鑑定(감정)에 큰 오류가 발생한다.

특히 과거에는 碑石(비석)을 세운 시기와

用事(용사)한 시기가 다른 경우가 허다하게 많다

136

양택에 粘法(점법) 활용

양택에서는 粘法(점법)이 곧잘 활용된다.

양택에서의 점법은 된 곳의 龍脈의 흐름을 잘 보면 보인다. 이때 부채살처럼 내려오는데, 중간이나 좌우측 중에 한쪽으로 용맥이 내려온다.

예 유진오 생가터

137

穴場에서 설기된 방위에 따른 길흉?

【문】脣氈(순전)에서 어느 한 방위로 脈이 洩氣(설기)가 되었을 경우의 감정법은?

【답】玄空風水로 洩氣되는 宮의 山星을 흉으로 감정한다.

142

138
鬼星(귀성)

回龍(회룡)이나 橫龍(횡룡)으로 된 結作된 경우는
鬼星(귀성)을 입수로 간주하여 재혈한다.
樂山(낙산)은 두 번째로 참고하여야 한다. 왜냐하
면 항상 가까이에 있는 鬼星의 비중이 더욱 크기
때문이다.

139

登山(등산)과 踏山(답산)

사진촬영과 메모로 많은 것을 남기려고 하면 머리와 가슴속에 담아지지 않는다. 현장에서 당시에 바로 이해하지 못하면 많은 사진이나 기록을 남겨도 소용이 없다.

왜냐하면 形氣風水는 단순한 登山이 아니라 踏山이며, 기억력이 아니라 이치와 원리에 따른 이해가 더욱 중요하기 때문이다.

《설심부》에 이르기를,

『留心四顧 緩步重登(유심사고 완보중등)』이라고 하였다.

140
南向만이 좋은 것이 아니다

北向이라고 서운하게 생각하지 마라.

오히려 北向으로 된 明堂이 더욱 많이 남아 있다.

南向이라고 좋아하지 마라.

南向으로 된 凶地가 많다.

141

窩鉗(와겸)에 肉地(육지)는 필수

窩(와)나 鉗(겸)은 필히 肉地(육지)가 있어야 하며 만약에 육지가 없으면 가짜이다.

한편 기존의 窩나 鉗의 명당은 墓域(묘역)을 단장 하면서 육지를 없앤 경우가 많기 때문에 이 점을 감안하여 감정하여야 한다.

◉ 肉地(육지) : 두툼한 살점

146

142

동네 인부는 袖手傍觀(수수방관)

葬事(장사)를 지내는 데 동네사람이나 친척을 人夫(인부)로 쓰면 일은 하지 않고 술만 먹고 말만 많아 도움이 되지 않더라.

인부는 인건비 주고 전문 인부를 사용하는 것이 현명하다.

143

衣履之葬(의리지장)

衣履之葬(의리지장)이란 특별한 사정으로 遺骨(유골)이 없는 경우 고인이 평소에 즐겨 입던 의복이나 신발 등의 유품으로 장사를 지내는 방법인데, 이러한 경우에도 동기감응이 된다.

●履 ☞ 신발 리

148

144
빨리와 멀리

빨리 가려면 혼자 가면 되지만,
멀리 가려면 같이 가야 한다.

145

穴場과 墓域(묘역)의 구분

墓域(묘역)에 심어놓은 잔디를 경계로 穴場의 범위라고 생각하면 안 된다.

순간적으로 실수할 수도 있으니 조심하여야 한다.

146

私慾(사욕)을 부리지 마라

초급 실력자로 大明堂을 잡으려다가 凶地에 들어
가기 십상이다.

실력만큼 명당을 찾는 법이다.

147

先入見(선입견)의 실수

기존의 명당에 전해 내려오는 傳說(전설)이 있는
경우가 많은데, 여기에 현혹되면 감정이 흐려진다.
風水는 '있는 그대로' 보아야 한다. 즉, 先入見(선
입견)을 가지지 말고 보아야 한다.

首席(수석)할 실력이면 컨닝할 필요가 없더라!!

148
밥풀(떼기)명당

명당이 아니더라도 혈의 주변이 설기되지 않도록
갈무리를 잘해 주고 水口만 좋으면 큰 출세는 못
하더라도 '밥 먹고 사는 데'는 전혀 지장이 없다.

149

大局에 大明堂이 있다

역시 大山 밑에 大穴이 있고,
　　大江을 끼고 있어야 大富가 난다.

150

動土(동토)란?

'동티난다'는 말의 유래는 動土(동토)에서 나온 말인데, '動土'란 흙을 움직이므로 흉한 일이 발생한다는 의미이다.

여기에서 흙이란 어떠한 물건의 대표성으로서 흙이므로, 흙뿐만 아니라 비교적 규모가 큰 것을 움직이면 활성화가 된다는 의미이다.

그러니까 꼭 흉상이 생기는 것이 아니고 상황에 따라서는 길상이 될 수 있는데, 吉凶은 生旺(생왕)이나 衰死(쇠사)에 따라 吉上加吉(길상가길)이거나 凶上加凶(흉상가흉)이 된다.

151
水口(수구)의 의미

水口를 볼 때에 꼭 물이 있어야만 水口가 되는 것
이 아니다.

물이 없어도 水口로 본다. 水口는 물뿐만 아니라
바람도 지나가는 곳이기 때문이다.

152
來龍은 行과 止

龍은 行하다가 갑자기 멈출 수 없으므로 방향을 전환(橫龍)하여야 한다. 그리고 止하면 바로 穴이 된다.

새가 땅에 着地(착지)하는 모습을 잘 관찰해 보면 알 수 있다.

《青囊奧語(청낭오어)》에 『第一義, 要識龍身行與止 (제일의, 요식용신행여지)_첫 번째는 용신의 行과 止를 알아야 한다』고 하며, 「行(來龍)」과 「止(穴)」를 특별히 강조하였다.

153
學과 術

「學」과 義理易(의리역)은 體(체)가 되고,
「術」과 象數易(상수역)은 用(용)이 된다.

당연히 둘 다 중요하다.

154
來龍과 穴

1 來龍(내용) : 활시위를 팔로 잡아당기는 동작[動]
이라면,

2 穴(혈) : 활시위를 잡아당긴 후에 움직이지 않는
상태[靜]이다.

155

不易(불역)과 變易(변역)

⑴ 不易(불역)은 변화하지 않는 이치로, 예를 들면 항상 해가 동쪽에서 떠오르는 不變(불변)의 이치이다.

⑵ 變易(변역)은 변화하는 이치로, 예를 들면 시간의 흐름에 따라 주야로 바뀌거나 춘하추동으로 계절이 變化(변화)하는 이치이다.

160

156

龍長穴拙(용장혈졸)이란?

용장혈졸에서 拙(졸)의 진정한 의미는 穴이 졸렬하게 생겼다는 의미가 아니라 좋은 穴은 쉽게 눈에 띄지 않는다는 의미이다.

사막이 아름다운 것은
어디엔가 우물을 감추고
있기 때문이다. 《어린왕자》

●拙 ☞ 졸렬할 졸

161

157
莊子(장자)

《莊子(장자)》〈外篇(외편)〉 至樂(지락)에 다음과 같
은 말이 있다.

『氣變而有形(기변이유형), 形變而有生(형변이유생)』

【역문】

氣가 변하여 形이 생기고,
形이 변화하여 生이 있다.

158
因形察氣(인형찰기)

《靑囊經(청낭경)》에 『因形察氣(인형찰기 : 形을 인하여 氣를 살핀다)』라고 하였다.

氣는 눈에 보이지 않으므로 形을 통하여 氣를 찾아야 한다.

따라서 눈 이외의 방법으로 穴을 찾는 방법이 있을까? 없을 것이다.

水脈(수맥) 운운하는 소위 수맥풍수사는 대개 사기꾼이 아니면 자기도취에 빠진 사람일 것이다.

159
命(명)과 運(운)

「命」이란 바꿀 수 없다는 의미로, 天命(천명)이 된다. 「運」은 움직인다는 뜻이므로 언제나 상황에 따라서 변화될 수도 있다는 의미이다.

개인의 타고난 命은 바꿀 수 없지만, 풍수지리를 통하여 運은 바꿀 수도 있다.

《葬書(장서)》에 『奪神功 改天命(탈신공 개천명)』이라고 하였으며, 현공풍수의 宗師(종사)인 蔣大鴻(장대홍) 선생의 제자인 姜垚(강요)는 《從師隨筆(종사수필)》이라는 책에 『人力勝天(인력승천)』이라 하여 "풍수지리를 통한 인간의 힘으로 天命을 이길 수 있다"고 하였다.

160
納氣(납기)와 乘氣(승기)의 차이점

① 陽宅은 주로 砂水의 「納氣(납기)」를 위주로 하지만,

② 陰宅은 주로 地中의 生氣의 「乘氣(승기)」를 위주로 하기 때문에, 근본적으로는 陰宅의 역량이 더욱 크다.

161

剝換(박환)이란?

① 剝換(박환)하면 嫩龍(눈룡)이 되어 吉象이다.

② 剝換하지 못하면 老龍(노룡)이 되어 凶象이다.

◉嫩龍(눈룡) : 부드러운 룡
◉老龍(노룡) : 거친 룡

●嫩 ☞ 어릴 눈

162

葫蘆水口 (호로수구)

『水口則愛其緊 (수구즉애기긴)

如葫蘆喉 (여호로후)』

【역문】

水口는 긴밀하여야 좋은데,

마치 호로병의 목처럼 되어야 한다.

- ●葫 ☞ 호로병 호
- ●蘆 ☞ 호로병 로
- ●喉 ☞ 목구멍 후

163

마디〔節〕는 변화이며 힘이다

龍에는 마디〔節〕가 있어야 力量(역량)이 있다.
대나무가 높이 자랄 수 있는 이유는 마디가 있기
때문이지 않는가!

164
穴과 의자의 비유

① 來龍은 등받이에,

② 靑龍(청룡)과 白虎(백호)는 팔걸이에,

③ 案山(안산)은 발걸이에,

④ 穴(혈)은 앉는 자리에 비유가 되는데, 만약 穴
  자리에 문제가 있으면 龍·砂·水가 아무리 좋
  을지라도 쓸모가 없다. 風水地理의 핵심은 역
  시 穴이다.

165

陰陽(음양)의 調和(조화)

『孤陽不生(고양불생), 獨陰不長(독음부장)』

【역문】

陽이나 陰으로만 구성되면 生長하지 못하여
凶象이 된다

166
砂格의 有情

『衆山輻輳者(중산폭주자) 富而且貴(부이차귀)』

【출전】:《雪心賦(설심부)》

【역문】

여러 산이 穴을 감싸면

부자가 되고 귀인이 된다.

....

● 輻 ☞ 바퀴살 폭
● 輳 ☞ 모일 주

171

167
平地龍과 山地龍의 차이

『明堂惜水如惜血(명당석수여석혈)

穴裏避風如避賊(혈리피풍여피적)』

【출전】:《疑龍經(의룡경) ; 上卷(상권)》

【역문】

平地龍에서 明堂에 물 아끼기를 피처럼 아끼고,

山地龍에서 바람 피하기를 도적을 피하듯이

피하여야 한다.

● 惜 ☞ 아낄 석
● 裏 ☞ 속 리
● 避 ☞ 피할 피

168

水纏玄武(수전현무)

수전현무란, 앞쪽의 물이 穴의 뒤편으로 감고 돌아가는 물이다.

『發福悠長(발복유장) 定是水纏玄武(정시수전현무)』

【출전】:《雪心賦(설심부)》

【역문】

발복이 오래가려면,

필히 수전현무하여야 한다.

●悠 ☞ 멀 유
●纏 ☞ 얽힐 전

173

169
水와 山의 발복 차이

『水之禍福立見(수지화복입견)

山之應驗稍遲(산지응험초지)』

【출전】:《雪心賦(설심부)》

【역문】

물의 화복은 즉시에 나타나고,

산의 응험은 더디게 나타난다.

- 應 ☞ 응할 응
- 驗 ☞ 증험할 험
- 稍 ☞ 작을 초
- 遲 ☞ 늦을 지

170
가까이 있는 것이 중요하다

『遠水不救近火(원수불구근화)

遠親不如近隣(원친불여근린)』

【출전】:《明心寶鑑》〈省心篇〉(下)

【역문】

멀리 있는 물은 가까운 불을 끄지 못하고,

멀리 있는 일가친척은 이웃만 못하다.

171
가까이 있는 것으로부터 배운다

『近取諸身(근취제신), 遠取諸物(원취제물)』

【출전】:《주역 繫辭傳(계사전)》

【역문】

가깝게는 자신의 몸에서 취하고,

멀리로는 사물에서 취한다.

172
體와 用의 차이

形氣는 形體(형체)와 氣勢(기세), 즉 모양(體)에 따른 적용(用)으로, 물리학으로 표현하면,

　①山은 體中體이며 위치에너지에 속하고
　②水는 體中用이며 운동에너지에 속한다.

따라서 만약에 움직이지 않는 물이라면 그 물의 영향력은 비교적 적다.

173
形勢와 形氣의 차이점

形勢(형세)와 形氣(형기)의 의미는 약간 다르다.

①形勢는 形氣를 위주로 한다는 의미이고,

②形氣는 理氣와 상호간에 보완한다는 의미이다.

178

174
風水의 本末

形氣風水를 위주로 하는 風水古書에 이르기를,

　『形氣는 體가 되며 本이고

　　理氣는 用이 되며 次이고

　　擇日(택일)은 末之末(말지말)』

이라고 하였다.

그렇다고 理氣論과 擇日을 무시하면 안 된다.

175
地運法(지운법)

龍穴이 不眞(부진)하면 玄空風水의 地運이론에
따르지 않고, 當運에만 發福(발복)한다.
현공풍수이론에 나오는 地運이론에 너무 얽매일
필요는 없다.

180

176
陰陽은 경쟁관계가 아니다

山과 水는 陰陽이 配合(배합)되어야 균형을 이루어야 하는데, 만약에 山과 水 중에 한쪽으로 치우치면 균형을 잃게 된다.

陰陽은 競爭(경쟁)의 관계가 아니라 調和(조화)의 관계이다.

177
無案對(무안대)는 독불장군

本山은 자신의 능력이고, 朝對(조대)를 비롯한 모
든 砂는 貴人의 도움으로 해석한다.

案對(안대)가 없으면 獨不將軍(독불장군)이 되므로
當運(당운)에는 왕성한 기운으로 무난하지만 當運
이 지나면 敗絶(패절)하게 된다.

178
花心穴

『重重包裹紅蓮辦(중중포파홍련변)

穴在花心(혈재화심)』

【출전】:《雪心賦(설심부)》

【역문】

여러 겹으로 穴을 싼 홍련은,

穴은 花心에 있다.

●裹 ☞ 쌀 과
●蓮 ☞ 연 련

183

179
水口의 중첩

『水口關欄(수구관란),

不重疊而易成易敗(부중첩이이성이패)』

【출전】:《雪心賦(설심부)》

【역문】

水口가 관란하여도 중첩되지 않으면

쉽게 이루고 쉽게 패한다.

● 關 ☞ 빗장 관
● 欄 ☞ 막을 란
● 疊 ☞ 겹쳐질 첩

180

藏風(장풍)과 得水(득수)

『若居山谷 最怕凹風(약거산곡 최파요풍)

若在平洋 先須得水(약재평양 선수득수)』

【출전】:《雪心賦(설심부)》

【역문】

만약에 산골짜기에 살면 요풍이 가장 두렵고,

평양지에는 모름지기 득수가 먼저이다.

- 怕 ☞ 두려워할 **파**
- 凹 ☞ 오목할 **요**

185

181

造福(조복)

風水地理를 배워 吉地를 직접 찾는 방법도 있지만, 勉力自修(면력자수)하고 積善積德(적선적덕)하면 더욱 확실한 방법이 될 것이다.

祈福(기복)이란 본래 없는 것이며, 언젠가 과거에 자신이나 조상의 蔭德(음덕)에 따른 造福의 결과일 뿐이다.

● 勉 ☞ 힘쓸 면
● 修 ☞ 닦을 수
● 祈 ☞ 빌 기
● 蔭 ☞ 그늘 음

186

182
看山(간산)과 踏山(답산)의 차이점

「看」자는 멀리에서 손[手]으로 눈[目]의 위쪽을
가리고 보기 때문에 '가볍게 본다'는 의미이다.
따라서 풍수지리에서의 현장실습을 看山(간산)이
라고도 표현하지만, 가급적이면 踏山(답산)이라
는 용어를 사용하는 것이 바람직하다.

●踏 ☞ 밟을 답

183
穴土

穴土 : 土色보다 土質이 훨씬 중요하다.

☐ 土質

   ① 堅固〔견고 : 非石非土 : 空隙(공극 : 틈)이 적어 단단함〕

   ② 脆嫩〔취눈 : 粒子(입자)가 미세함〕

   ③ 潤澤〔윤택 : 補濕(보습 : 미량의 수분(물기))으로 촉촉함〕

   ④ 光明 = 瑩(밝을 영)

② 土色

   ① 紅黃(홍황)

   ② 五色 혼합

③ 土文(토문 : 무늬) : **화려함**

   ① 花樣(화양) : 꽃 모양

   ② 錦繡(금수) : 비단자수

184
穴의 모양

穴의 모양에 대해 《葬書(장서)》에는 다음과 같이 설명하고 있다.

『若橐之鼓(약탁지고) 若器之貯(약기지저) : 마치 바람이 가득 찬 풀무와 같고, 마치 그릇에 물이 그득한 모양이다.』

穴場의 모양은 한 글자로 「橐(탁 : 빵빵한 가죽 풀무 모양)」이어야 한다. 현대식으로 표현하자면 외형은 마치 둥근 철모처럼 생기고 내부는 바람이 빵빵한 풍선처럼 되어야 한다.

● 橐 ☞ 공기주머니 탁
● 貯 ☞ 쌓을 저

185

觸類而長(촉류이장)

觸類而長(촉류이장)은 자신이 익히 알고 있는 기존의 전문 분야 이론이나 경험 등의 類(류)를 접목[觸(촉)]시키는, 소위 학습의 轉移(전이)를 통하여 다른 학문을 成長하게 하는 최고의 공부방법이다.

●觸 ☞ 닿을 촉

186
形局論(형국론)

형국론상으로 物形에 따라 대소가 결정되는 것이
아니다.

예를 들면 龍形이라고 大明堂이고,

　　　　　蛇頭(사두)라고 中明堂이고,

　　　　　蜈蚣(오공 : 지네)이라고 小明堂이

되는 것은 아니다.

- 蛇 ☞ 뱀 사
- 蜈 ☞ 지네 오
- 蚣 ☞ 지네 공

191

187
양서 한 권 적극 추천

형기풍수를 위한 추천도서

《정민 선생님이 들려주는 한시 이야기_보림출판사》

이 책의 내용을 보면, 필자가 형기풍수에 대하여
꼭 하고 싶었던 말을 대신하여 말한 것 같다.
일독을 적극 권장한다.

192

188
明堂과 案對

대부분의 明堂은 穴의 정면 일직선상에 案對(안
대)가 있다.

193

189
中心과 重心

穴의 위치는 穴場 범위 내에서도 거리상의 「中心」
이 되기도 하지만 모두 그런 것은 아니다.

더욱 중요한 사실은 무게상의 「重心」에 바로 穴이
되는 것이다.

穴은 평면상의 이치로는 中心이지만, 穴은 입체
상의 重心이 되어야 한다.

「重心」을 잡는 이유는 「均衡(균형)」을 이루기 때문
이며, 균형을 잡으면 「安定」이 되고, 안정이 되면
비로소 「止(지)」가 되며 穴이 되기 때문이다.

190

結咽(결인)과 水口(수구)

來龍은 氣의 入口이므로 음식물에 비유하면 섭취와 흡수에 해당되고, 水口는 氣의 出口가 되므로 배설에 비유된다.

따라서 來龍은 長遠(장원)하여야 흡수량이 많고, 반면에 水口는 좁고 여러 겹으로 막아 주어야 배출량이 적게 된다.

또한 結咽과 水口는 같은 이치이므로 좁을수록 束氣(속기)가 잘 된다.

●束 ☞ 묶을 속

195

191
空亡이라면?

走爲上計(주위상계 : 36계 줄행랑)

192

有處無求(유처무구)

『莫向無中尋有(막향무중심유),

須於有處無求(수어유처무구)』

【출전】:《雪心賦(설심부)》

【역문】

〔吉穴이〕 없을 장소에서 있음〔吉穴〕을 찾지 말고,

모름지기 〔吉穴이〕 있을 만한 장소에서

없음〔吉穴을 의미〕을 찾아라.

공부 잘하는 학생은 시험에 나올 내용을 위주로

공부를 한다는 의미이다.

193
풍수지리서의 문제점

풍수지리서 중에 기존의 유명한 묘에 대한 소재와 감정을 위주로 쓴 서적이 있는데, 일부 서적은 명당인지 흉당인지를 구분하지 못한 내용이 있으니 조심하여야 한다.

『盡信書不如無書(진신서불여무서)』

【출전】:《孟子(맹자)》권 14〈盡心(진심) 下(하)〉

【역문】

서적에는 틀린 부분이 있기 때문에

너무 책을 믿어서는 안 된다.

198

194
信耳不如信眼(신이불여신안)

『追尋仙迹, 看格尤勝看書(추심선적, 간격우승간서)

奉勸世人, 信耳不如信眼(봉권세인, 신이불여신안)』

【출전】:《雪心賦(설심부)》

【역문】

仙迹〔明師의 所占地〕를 찾아,

격식을 보는 것이 책을 보는 것보다 좋고,

세인들에게 권장하건대,

듣는 것은 보는 것보다 못하다.

● 尋 ☞ 찾을 심
● 迹 ☞ 자취 적
● 尤 ☞ 더욱 우
● 奉 ☞ 받들 봉

195
山의 五行

山의 五行			
내용 모양	五行	力·性	人丁 財物
수직선 垂直線	木 火	力	丁 (文, 명예)
곡선 曲線	金 水	力·性	丁, 財 (武, 財)
수평선 水平線	土	性	財

200

196
名師와 明師의 차이

名師(명사 : 유명한 풍수사)가 되려 하지 말고,

明師(명사 : 실력 있는 풍수사)가 되려고 노력하여야

한다.

197
相剋(상극)의 장단점

玄空風水論으로 相剋하면 發福이 빠른 장점이 있는 반면에, 부작용이 따르는 단점도 있다.

相生은 부작용이 없는 대신에, 발복이 비교적 늦게 온다.

198
過峽(과협)의 의미

穴의 左右에 있는 靑龍과 白虎뿐만 아니라, 來龍
이 내려오는 과정 중 過峽(과협)도 藏風(장풍)이 잘
되어야 洩氣(설기)가 되지 않게 된다.

199
중국과 우리나라의 地勢(지세)

중국과 우리나라의 地勢(지세)는 비록 다르지만 풍수지리의 이치는 같기 때문에 장소가 다르더라도 풍수이론을 적용하는 점에서는 특별한 문제가 없다.

다만 중국에는 窩鉗(와겸)이 많고

　　　우리나라는 乳突(유돌)이 많다.

204

200
用과 體

用有隨時之更變(용유수시지경변)

體有移步之不同(체유이보지부동)

【역문】

用은 시간에 따라 변하고,

體는 위치에 따라 다르다.

....

● 隨 ☞ 따를 수
● 更 ☞ 고칠 경
● 移 ☞ 옮길 이

205

201
物形論은 보조수단

物形論〔또는 形局論〕은 형기풍수의 독특한 부분이
며 과거 옛 先師(선사)들도 애용하였던 방법이다.
물형론은 쉽고도 어렵고, 몰라도 되지만 알면 도
움이 되는 좋은 방법이 된다. 따라서 형국론에 지
나치게 얽매일 필요는 없다.

202
過峽(과협)과 結咽(결인)의 차이

過峽(과협) 중에서도 마지막 과협을 結咽(결인)이라고 하는데, 結咽은 穴에서 가장 가까이에 있는 過峽이기 때문에 제일 중요한 過峽이 된다.

結咽(결인)은 인체의 咽喉(인후)에 해당되므로 體의미의 용어이고, 用 의미로는 「束氣(속기)」이다.

「結咽束氣(결인속기)」가 중요한 이치는 來龍의 마지막 단계에서 일단 氣運을 묶어준 다음에 地氣를 穴場으로 강력하게 보내주는 역할을 하기 때문이다.

203
穴場은 윤곽이 분명하여야 한다

여자들이 입술에 립스틱을 바르거나 눈썹에 문신을 하는 이유는, 輪廓(윤곽)을 뚜렷하게 하여 예쁘게 보이기 위한 것이다.

풍수지리에서도 마찬가지로 穴場과 주변의 땅의 구분이 뚜렷하여야 吉地가 된다. 비록 한마디이지만 아주 중요한 말이다.

204
水口보는 법

水口가 穴에서 멀리 있으면 水口의 비중은 미약
하다.
水口는 가까울수록 비중이 큰 만큼 중요하게 보
아야 한다.

205
山水同去(산수동거)

主山, 來龍, 結咽(결인), 入首(입수), 穴에 이어 脣氊
(순전)이 있는데, 순전이 마지막이 아니다. 脣氊 아
래에서 이어지는 마지막 龍脈(용맥)이 동일한 방향
으로 향한다면 일종의 山水同去가 되어 뒷마무리
가 약하다.

이와 반대로 脣氊의 바로 아랫부분이 물과 반대
방향으로 흐르면, 마치 나사를 조여 주는 역할이
된다.

206
음택과 양택의 영향력 차이

陰宅에서의 遺骨(유골)은 항상 고정되어 있으나,
陽宅의 경우는 잠자는 시간을 제외하면 항상 움직
이기 때문에, 음택의 영향력이 양택에 비하여 비교
적 크다고 볼 수 있다.

207

蝦鬚水(하수수)와 蟹眼水(해안수)

蝦鬚水(하수수) : 穴場과 蟬翼砂(선익사) 사이에 가장 가까이에 있는 물의 모양이 새우의 수염처럼 'U'자 모양이며, 물의 양은 적어도 되고 비가 왔을때 물이 보이면 된다.

蟹眼水(해안수) : 穴場과 牛角砂(우각사) 사이에 가장 가까이에 있는 원형 모양의 물로, 물의 양은 적어도 무난하고 비가 왔을 때 물이 보이면 된다.

- 蝦 ☞ 새우 하
- 鬚 ☞ 수염 수
- 蟹 ☞ 게 해
- 蟬 ☞ 매미 선
- 翼 ☞ 날개 익

212

208
穴場(혈장)의 구성 요소

穴場의 구성 요소인 五行 중에

　木(＝印木)·

　土(＝穴土)·

　金(＝乘金)·

　水(＝相水)만 있고

　오직 火만 없다.

火는 穴心의 아래에서 솟아나오는 地氣인데 땅 속
에 있으므로 볼 수가 없기 때문에 보이지 않을 뿐
이지, 본래 없는 것은 아니다.

209
유림파

경우에 따라서는 용기 있는 사람이 미인을 얻듯이,
배짱도 두둑해야 明堂을 쓸 수가 있다.

214

210

初敗之地(초패지지)

穴을 기점으로 來龍의 원근에 따라 나타나는 吉凶
禍福(길흉화복)을 推算(추산)하는 방법이다.

일반적으로는 穴에서 가까이 있는 來龍이 凶象이
면 初敗之地(초패지지)이지만, 來龍이 멀리 있을수
록 吉凶의 정도가 미약해진다.

다만 大明堂의 경우에는 吉龍이나 吉砂가 멀리
있어도 發福을 받는다.

211

模倣(모방)과 倉造(창조)

模倣(모방)에서 創造(창조)가 나오게 된다.

모방 없이 바로 창조를 하면 오류가 발생하게 된다.

212

弟子(제자)에도 단계가 있다

①단계 ; 入門弟子(입문제자)

②단계 ; 升堂弟子(승당제자)

③단계 ; 入室弟子(입실제자)

入門弟子의 초보 수준만 배워놓고 함부로 스승을
팔아 먹지 마라.

● 升 ☞ 오를 승
● 堂 ☞ 집 당
● 室 ☞ 집 실

213
龍穴砂水의 역할과 비중

穴과 주변의 山水를 비유하자면,

① 穴星은 주인공인 자신에 비유되고,

② 來龍은 부모나 후견자가 되며,

③ 龍虎는 형제나 비서가 되고,

④ 案山은 자녀와 간부에 해당되며,

⑤ 砂格은 후손과 부하직원에 비유된다.

214

局의 종류-城(성)·垣(원)·堂(당)

《地學》에 의거하여 穴을 주변의 범위에 대한 용어
로 구분하면 다음과 같다.

1. 始祖山(시조산) 아래의 범위는 大局이 되며,
   「城(성)」이라고 부른다.
2. 祖山(조산) 아래의 범위는 中局이 되며,
   「垣(원)」이라고 부른다.
3. 主山(주산) 아래의 범위는 小局이 되며,
   「堂(당)」이라고 부른다.

215

보기 좋은 案山을 나무가 가리면?

"齒牙(치아)가 아름다운 미인은 손으로 입을 가리
고 웃을 필요가 없다."

안산이나 조산이 아름다우면 前方에 시야를 가리
는 나무를 伐木(벌목)하는 것이 좋다는 말이다.

220

216
明堂과 分金

天然的定(천연적정)한 明堂은 일개의 分金마저도 바꿀 수 없을 정도로 立向(입향)이 固定(고정)되어 있다.

●的 ☞ 적중할 적

221

217
사다리꼴 모양의 棺(관)

棺의 모양이 직사각형이 아니거나 상부와 하부의
폭이 다른 관은 좌향을 측정할 때 관의 옆부분을
측정하면 오차가 생기므로 조심하여야 한다.

222

218

初葬(초장)시에 脫棺(탈관) 여부

初葬(초장)시에 차후 이장계획이 있든지 없든지 간에 脫棺(탈관)하고 매장을 하는 것이 좋다.

223

219

靜中動(정중동)

好動者(호동자), 雲電風燈(운전풍등),

嗜寂者(기적자), 死灰槁木(사회고목).

須定雲止水中(수정운지수중),

有鳶飛魚躍氣象(유연비어약기상)

纔是有道的心體(재시유도적심체).

【역문】

움직이길 좋아하는 사람은, 구름 속 번개와 바람 앞에
등불 같고, 고요함을 즐기는 사람은, 꺼져버린 재와
마른나무와 같다.

멈춘 구름과 고인 물 가운데에, 솔개가 날고 물고기가
뛰어 오르는 기상이 있어야 하는데 이것이 바로 도를
깨우친 사람의 마음의 본체이다.

224

220
來龍과 穴의 차이점

① 來龍;《葬書(장서)》에,

『上地之山(상지지산: 좋은 산은),

　若伏若連(약복약련: 엎드렸다가 이어지고),

　其原自天(기원자천: 그 근원은 하늘로부터),

　若水之波(약수지파: 마치 파도처럼),

　若馬之馳(약마지치: 마치 말이 달리듯이),

　其來若奔(기래약분: 그 내려옴이 힘차다)』

② 穴:《葬書(장서)》에,

『其止若屍(기지약시: 그 멈춤은 마치 시신과 같다)』

　라고 하였다.

221
曜星(요성)의 明暗

曜星(요성)의 위치는 풍수서에 따르면 靑龍과 白
虎 밖의 山이라고 하였는데, 穴場에 주로 암석으
로 돌출되어 있어도 曜星이 된다.

즉, 内曜星(내요성)과 外曜星(외요성)으로 구분된다
고 할 수 있다.

222
坐向에 따른 재물, 인정

어느 元運을 막론하고

①재물에 좋은 坐向은

　丙·午·丁의 坐向이 좋다.

②人丁에는

　壬·子·癸의 坐向이 좋다.

223

巖石(암석)과 坐向

巖石도 穴을 중심으로 감싸고 있으면 더욱 좋다.
또한 자세히 살펴보면 암석의 모양이 坐向을 가
르쳐주고 있다.

224
샘물의 위력

샘의 크기가 작더라도 穴 앞의 샘은 한 발 크기의
물로 간주한다.

225
穴은 주인공

주변[주산, 청룡, 백호]보다 내[穴]가 좋아야 한다.
그렇다고 주변을 너무 무시하면 안 된다.

穴이 主演(주연)이라면 주변의 山水는 助演(조연)
에 해당된다. 主演이 빛나는 것도 助演이 있어야
되기 때문이지만 그래도 역시 주연의 비중은 크기
마련이다.

'엑스트라'에는 지나치게 신경 쓸 필요가 없지 않
는가!

226
용어 설명

官曜(관요) ☞ 官星(안산의 뒤편에 있는 산)과 曜星(청룡이나 백호의 뒤편에 있는 산)을 지칭함.

禽星(금성) ☞ 落河火星(낙하화성)이라고도 하며, 水口에 호랑이·사자·게·소라·뱀 등의 기이한 모양의 작은 산이 되며, 비유하자면 水口의 양편에서 보초를 서고 막아주어, 氣가 洩氣(설기)되지 않도록 하여 재물을 지켜주는 神이 된다.

華表(화표) ☞ 水口의 양편에 있는 火山을 지칭하며, 금성과 같음.

羅星(나성) ☞ 水口砂의 일종으로 禽星과 같다.

羅城(나성) ☞ 穴에서 먼 곳에 성곽처럼 펼쳐져 있는 산.

227

《道德經(도덕경)》

老子의 《道德經》에 이르기를,

『道生一(도생일 : 도(=無極)는 하나(=太極)를 낳고),

一生二(일생이 : 하나는 둘(陰陽)을 낳고),

二生三(이생삼 : 둘은 셋(三爻)을 낳고),

三生萬物(삼생만물 : 셋은 만물을 낳으니),

萬物負陰而抱陽(만물부음이포양 : 萬物은 陰을 등
지고 陽을 안아),

沖氣以爲和(충기이위화 : 氣를 沖(조절)하여 和(조
화)한다)』라고 하였다.

228

德不孤必有隣 = 砂

《雪心賦(설심부)》에 〈論語(논어)〉를 인용하여 이르기를,

『德不孤必有隣(덕불고필유린) 看他侍從(간타시종)

덕이 있는 자는 반듯이 이웃이 있듯이,

穴에도 시종이 있다』

라고 하였다.

229

巧密緊拱(교밀긴공)

巧密緊拱(교밀긴공)이란 穴場이 마치 胡桃(호도)처럼 튼실하고 야무지게 뭉쳐 있고, 주변의 땅과는 경계가 분명하여 윤곽이 뚜렷한 모양이다.

....

- ●巧 ☞ 공교할 교
- ●密 ☞ 빽빽할 밀
- ●緊 ☞ 굳게얽을 긴
- ●拱 ☞ 두손맞잡을 공
- ●胡 ☞ 오랑캐 호
- ●桃 ☞ 복숭아나무 도

230

橫龍(횡룡)에 蟬翼砂(선익사)

橫龍으로 된 穴의 蟬翼砂(선익사)는 회전하는 바깥쪽에 하나의 선익사만 있어도 무방하다.

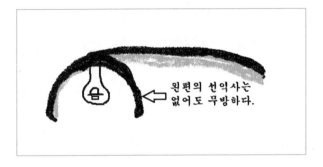

왼편의 선익사는
없어도 무방하다.

235

231

太極暈(태극훈)의 이치

天輪影(천륜영)이나 太極暈(태극훈)은 땅뿐만 아니라 하늘이나 사람에게도 있다.

有形에 따른 無形의 그림자〔影〕가 바로 天輪影이며 太極暈이 되며 아주 귀중한 물건에 대해 보호막 역할을 하기 때문에 穴의 주변에 天輪影이나 太極暈이 있으면 아주 귀중한 穴이 된다.

　①天 ; 햇무리〔日暈(일훈)〕나 달무리〔月暈(월훈)〕가
　　　　있으며,
　②人 ; 後光 또는 背光(배광), 指紋(지문)이 있으며,
　③地 ; 天輪影과 太極暈이 있다는 이치이다.

232
脣氈과 來龍의 차이점

來龍(내룡)이 배경이고 수입이라면, 脣氈(순전)은
自手成家(자수성가)이고 支出(지출)에 해당된다.

따라서 脣氈이 경사가 완만하면 洩氣(설기)되어
地氣가 머물지 않고 흘러 내려가 버린다.

이런 이유에서 入首(입수)도 물론 중요하지만 脣氈
(순전)도 입수이상으로 중요하다.

233

案山(안산) 空亡

明堂일수록 案山(안산) 중에 자연적으로 정면에 案對(안대)가 있다. 案對는 明堂의 진위를 파악하는데 간단하며 쉽게 구분할 수 있는 요긴한 방법이다.

다만 案對가 大小空亡 범위에 있으면 假花(가화)인데, 만약에 이런 곳에 用事하면 일시적으로 흥왕하더라도 때가 되면 一敗塗地하게 된다.

◉ 一敗塗地(일패도지) : 여지없이 패하여 다시 일어날 수 없게 됨

●塗 ☞ 진흙 도

234
砂(사) 보는 방법

砂의 종류는 아주 많이 있지만, 穴에서 보아 環抱
(환포)하여 有情하게 보이면 좋은 砂가 된다.

砂法은 단순하게 "보기 좋은 떡이 먹기도 좋다"는
방식으로 보면 된다. 즉, 砂에 대해 너무 시간을
할애하여 공부할 필요가 없다.

235
大明堂은 裁穴(재혈)이 어렵다

大明堂(대명당)은 穴場의 규모가 큰 만큼 넓게 멀
리에서 보면 잘 보여 오히려 찾기가 더 쉽다.

근본적으로 大明堂은 裁穴(재혈)하기가 어려우니
하찮은 실력으로 용사하면 낭패하게 되므로 함부
로 욕심 부리지 마라.

236

天盤縫針(천반봉침)의 오류 1

水口 방위나 좌향을 측정하는데,
《地理五訣》〈5권〉에 이르기를,

　『執定/羅經外盤……世之地師는,

　　不知/内外兩盤의 作用之理하고,

　　俱用/正針立向收水하여,

　　害人이 不淺으로……』

라고 하며, 天盤縫針(천반봉침)으로 立向과 收水(수
수)하여야 한다고 하였는데 오류이다.

砂의 방위를 측정하는데 人盤中針(인반중침)을 사
용하다는 이론이 있지만, 龍·穴·砂·水·坐向·
方位 모두 地盤正針(지반정침)을 사용하여야 한다.

241

237
天盤縫針(천반봉침)의 오류 2

대만의 鍾義明(종의명) 선생은 자신의 저서인《玄空
地理考驗註解(현공지리고험주해)》에서 다음과 같이
강조하였다.

『筆者見過有些地師以天盤(縫針)或人盤(中針)爲人
立向, 大都犯「大空亡」「小空亡」, 以致發生悲劇. 立
向時務須小心, 切莫犯之!』

【역문】

필자가 일부 풍수사들이 天盤縫針이나 人盤正針으
로 立向하는 것을 본 적이 있는데, 대부분 '大空亡'
'小空亡'이나 범하게 되면 비극이 발생하므로 立向
을 할 때에는 모름지기 조심하여야 하고, 절대로 이
를 사용하지 말아야 한다!

242

238
穿壙(천광)의 면적

穴場의 크기와 명당의 有無와는 거의 무관하다. 穿壙(천광)의 면적을 작게 만들면 오히려 발복이 강하고 빠르고, 裁穴(재혈)하기도 비교적 쉬운 장점이 있다.

239
九星의 명칭

1 貪狼(탐랑 : 美)

2 巨門(거문 : 美)

3 祿存(녹존 : 凶)

4 文曲(문곡)

5 廉貞(염정 : 凶)

6 武曲(무곡 : 美)

7 破軍(파군 : 凶)

8 左輔(좌보)

9 右弼(우필)

240
來龍은 1~2절만 보면 된다

來龍은 1~2절이 중요하고, 최고로 3~4절까지만
보면 된다.

風水를 공부하는 순서는 다음과 같다.

① 龍 ② 穴 ③ 砂 ④ 水 ⑤ 向

245

241
모양은 결인, 내용은 속기

結咽(결인)이 없으면 특별한 경우를 제외하고는
명당이 아니다.

束氣(속기)란 관악기를 입으로 부는 곳이 좁을수
록 높은 소리가 나는 이치와 같으며, 사과열매로
비유하여 말하자면 꼭지에 해당된다.

꼭지가 가늘어도 무거운 과일을 매달고 있지 않
는가!

●結咽(결인): 사람에 비유하면 인후부에 해당하는 곳처럼
생김새가 잘록한 모양으로 束氣한 곳
● 束氣(속기): 결인한 곳의 내용상 의미로는
기를 묶어 준다는 의미

242

누가 陰宅風水를 배워야 하는가?

① 지옥이라도 따라가겠다는 배짱과 연구심을 가
진 사람.

② 돈 많고 시간 많은 사람.

③ 사랑과 희생을 보람으로 여기는 사람.

243

怪穴(괴혈)의 구분

怪穴은 初學者(초학자)는 조심해서 用事를 하여야
한다.
잘 쓰면 今時發福(금시발복)하지만,
가짜 怪穴일 경우에는 猝地敗亡(졸지패망)한다.

● 怪 ☞ 가이할 괴
● 猝 ☞ 갑자기 졸

248

244

王陵(왕릉)과 胎室(태실) 차이

조선시대의 王陵은 거의 明堂이 없으며 坐向은 空亡에 걸린 왕릉이 태반이다.

다만 胎室은 좋은 자리가 의외로 많으며, 대부분 의 태실은 와겸유돌 중에 突(돌)로 되어 있는 경우 가 많다.

249

245
자신의 실력에 대한 성찰

자신의 풍수 실력을 과대평가한다고 하여 풍수 실력이 高手가 되는 것이 아니다.

자신의 풍수 실력을 과대평가하면 실수하게 된다. 주변의 많은 풍수사들이 자신의 실력을 과대평가하고 있는 경우가 많다.

자신의 풍수 실력에 대해 본인은 냉정하게 판단하기 어려우므로, 실력이 출중한 풍수 선생에게 검증을 받아야 정확한 자신의 실력을 알 수 있게 된다.

246
龍尾의 절단

龍尾(용미)를 절단하여 없애면 뒤통수에 상처를
주는격이 된다.

실제로 이런 묘를 잘 관찰해 보면 봉분의 뒷부분
에 잔디가 잘 자라지 않거나 심하면 侵水(침수)가
된다.

주로 묘 주변 전체를 둘레석으로 하면 이런 실수
를 한다. 둘레석은 전혀 불필요한 존재이다.

◉龍尾(용미) : 봉분의 뒷부분

247
裁穴(재혈)의 원리

① 포물선 또는 타원형의 초점공식 원리를 이용
하여 穴을 찾는다. 그러니까 길쭉한 타원형일
수록 穴은 來龍 쪽에 結穴한다. 직접 타원형을
그려 보시기 바란다.

　예　蜈蚣穴(오공혈 : 지네명당)

② 물방울 모양 또는 표주박 명당의 穴場은 오히
려 脣氈(순전) 쪽에 結穴된다.

　예　벌명당

③ 원형으로 된 穴場은 당연히 혈장의 정중앙이
穴이다.

　예　蓮花浮水(연화부수), 花心穴(화심혈)

7운 애성반

《辰》	丙↑向	〈未〉	運坐	七運 壬坐丙向(下卦) 340.5 – 349.5
2 3 六	⑦ ⑦ 二	9 5 四	四局	雙星會向(山星下水)
甲 1 4 五	+3 -2 七	5 9 九 庚	地運	160年 (六運 入囚)
6 8 一	8 6 三	4 1 八	城門	正城門 : 辰 副城門 : 未
丑	壬坐	戌	特記	七星打劫(震·乾·離)

山 2	寡母當家. 母子反目.	山 ⑦	丙上有遠秀之山, 出貴.	山 9	人丁旺盛, 遠秀之峰.
水 3	出犯法之人, 遭刑獄.	水 ⑦	丙水, 當運·發富.	水 5	未水戌龍, 驟富(쥐부).
山 1	14同宮, 發科名.宜遠秀.	山 3	【吉坐】 比卦:初爻,4爻.	山 5	少人丁, 山形粗陋(조루), 且出愚丁.
水 4	出淫蕩之. 小成多敗.	水 2		水 9	驟富. 忌大水, 有聲直沖.
山 6	丑方有秀山, 長房出貴.	山 8	出武貴·武富. 異路功名.	山 4	戌方有山, 出文雅之人.
水 8	丑水發, 發富. 圓秀·出貴.	水 6	退殺. 刑妻·損幼未丁.	水 1	上元發科名. 宜遠水.

辰	丙↑向	未
9 3	5 ⑦	⑦ 5
六	二	四
8 4	+1 -2	3 9
甲 五	七	九 庚
4 8	6 6	2 1
一	三	八
丑	壬坐	戌

運坐	七運 壬坐丙向（替卦） 337.5-340.5　349.5-352.5
四局	山星：未 向星：丙(旺向)
地運	80年(三運 入囚)
城門	正城門：✕ 副城門：✕
特記	

山 9	下元九運 出聰明之奇才.	山 5	有山, 多生女, 小生男.	山 ⑦	有山而秀・山貴, 不利女子.
水 3	遭盜賊(조도집). 肝膽病. 暴戾(폭려).	水 ⑦	發財.	水 5	疾病, 癌症, 吸食毒品.
山 8	八運 出賢人. 與世無爭.	山 1		山 3	出烈性・ 聰明刻薄之人.
水 4	出蕩子, 無志氣之人.	水 2		水 9	九運 出奇才. 驟富.
山 4	出人懷才不遇. 鑽牛角尖(찬우각첨).	山 6	山高逼壓, 頭痛之病.	山 2	疾病・癌症. 糖尿, 脾胃病.
水 8	水宜圓亮(원량)・ 停蓄. 房房富貴.	水 6	水大而有聲, 主頭痛暈眩(훈현).	水 1	水若反出, 主妻辱夫, 終出走.

七運 子坐午向(下卦)

	午向 ↑			
巽			坤	
4 1 六	8 6 二	6 8 四	運坐	七運 子坐午向(下卦) 355.5 - 004.5
5 9 五	-3 +2 七	1 4 九	四局	雙星會坐(向星上山)
卯		酉	地運	80年(三運 入囚)
9 5 一	⑦ ⑦ 三	2 3 八	城門	正城門：X / 副城門：X
艮	子坐	乾	特記	山星合十

山 4	遠秀山, 上元發科名.	山 8	武科發迹(무과발적), 異路功名.	山 6	不可見斷. 頭形之山.
水 1	出文秀, 世代書香.	水 6	中風, 餓死(아사), 家業退潮(가업퇴조).	水 8	發富, 橫財, 異路功名.
山 5	少男丁, 且愚鈍, 目疾, 疔瘡(정창:악성종기).	山 3	母子不和	山 1	有秀山, 山內有湖, 科舉不替.
水 9	驟富, 出聰明之奇人.	水 2	【吉坐】復卦 2爻, 5爻.	水 4	出人風流· 淫蕩(음탕).
山 9	少男丁, 愚鈍(우둔), 宜遠山.	山 ⑦	旺丁, 文人武職, 要有水相配.	山 2	疾病, 發癌, 被重物壓死(중물에 압사).
水 5	疾病·退財產, 家破人亡.	水 ⑦	發財, 女人相助, 要有山相配.	水 3	胃腸病, 肝病, 脚病(각병:다리병).

巽	午向 ↑	坤
3 1 六	⑦ 6 二	5 8 四
卯 4 9 五	-2 +2 ⑦(七)	9 4 九 酉
艮 8 5 一	6 ⑦ 三 子坐	1 3 八 乾

運坐	七運 子坐午向（替卦） 352.5–355.5　004.5–007.5
四局	上山下水
地運	80年（三運入囚）
城門	正城門：x 副城門：x
特記	

山 3	蛇咬(사교)·賊盜. 忌見探頭·尖射.	山 ⑦	利於武職·生子. 忌山形醜惡. 家人不和·不倫.	山 5	少人丁· 少男重病· 筋骨病.
水 1	發富·催貴. 宜靜水.	水 6	長房退財·官訟· 兄弟不和· 交戰殺傷.	水 8	八運 房房發財.
山 4	女人當家· 多女少男. 肝膽病.	山 2		山 9	文章大利· 兄弟聯芳.
水 9	宜靜水, 九運 發財· 出貴.	水 2		水 4	血光· 婦女不貞· 出娼優.
山 8	旺丁. 八運 出賢聖· 高僧.	山 6	骨肉殘損·肺病, 女人災殃.	山 1	催丁·生貴子. 逼壓·出賊盜.
水 5	少男重病· 癡呆(치매)·破財.	水 ⑦	進財·武市· 醫卜大利.	水 3	蛇咬(뱀에게 물림)· 賊盜·長房遊蕩.

巳	丁向 ↑	申	運坐	七運 癸坐丁向(下卦)
4 1 六	**8 6** 二	**6 8** 四		010.5 − 019.5

乙	**5 9** 五	**-3 +2** 七	**1 4** 九	辛

寅	**9 5** 一	**⑦ ⑦** 三	**2 3** 八	亥
		癸坐		

運坐	七運 癸坐丁向(下卦) 010.5 − 019.5
四局	雙星會坐(向星上山)
地運	80年(三運 入囚)
城門	正城門 : ✕ 副城門 : ✕
特記	山星合十

山 4	有遠秀山, 上元發科名.	山 8	宜武職· 生忠孝之子.	山 6	不可見斷頭山, 主橫死·死刑.
水 1	出文秀· 世代書香.	水 6	中風·餓死· 家業冷退.	水 8	發富·得橫財, 出人忠孝賢良.
山 5	少男丁, 且愚魯(우노), 疔瘡(정창), 火災.	山 3	母子不和	山 1	有秀山· 山內有湖, 出世文人.
水 9	驟富· 出聰慧奇才.	水 2	【吉坐】 屯卦:3爻, 上爻.	水 4	出遊蕩· 不貞之人.
山 9	少男丁, 且愚蠢(우준). 目疾·心病.	山 ⑦	旺丁· 文人武職. 要先見水.	山 2	疾病·癌症, 被重物壓斃.
水 5	重病·損丁, 退財產.	水 ⑦	當元發財, 武市發財.	水 3	脾胃肝病· 蛇咬·足病.

七運 癸坐丁向（替卦）

巳	丁向 ↑		申	運坐	七運 癸坐丁向（替卦） 007.5-010.5　019.5-022.5
3 9 六	**⑦ 5** 二	**5 ⑦** 四		四局	山星：丁（下水） 向星：申
4 8 五	**-2 +1** 七	**9 3** 九		地運	60年（三運 入囚）
8 4 一	**6 6** 三	**1 2** 八		城門	正城門：✗ 副城門：✗
寅	癸坐		亥	特記	

乙 ... 辛

山 3	肝病・足病・長房人性暴苛.	山 ⑦	旺丁,出醫卜奇人(葫蘆山現).	山 5	少人丁,吸食毒品.橫禍.
水 9	宜靜水・九運 大發.	水 5	破財・口腔癌(구강암)・官司是非.	水 ⑦	財來則破・宜暗水.
山 4	風濕病・乳癌・精神病.	山 2		山 9	九運 出奇才.出惡, 人刻薄.
水 8	八運 農林土地大利.	水 1		水 3	官司・盜賊・肝炎・足病.
山 8	出在野之賢人,與世無爭.	山 6	頭痛,人丁冷退,喪妻.	山 1	催丁・上元出貴.宜遠秀.
水 4	風濕・多女少男・損丁.	水 6	長房剋妻,冷退.	水 2	損壯丁・水腫(수종)・墮胎, 不孕.

寻龍點穴

七運 丑坐未向(下卦)

辰	<丙>	未向	運坐	七運 丑坐未向(下卦) 025.5 − 034.5
甲	9 5 5 9 ⑦ ⑦ 六 二 四 8 6 +1 -4 3 2 五 七 九 4 1 6 8 2 3 一 三 八	庚	四局	雙星會向(山星下水)
丑坐	壬	戌	地運	60年(一運 入囚)
			城門	正城門 : ✕ 副城門 : 丙
			特記	

山 9	九運 旺丁・出貴. 宜端方小山.	山 5	人丁不旺・有亦 愚蠢(우준)・ 心目之病.	山 ⑦	出文雅秀士. 山宜遠秀.
水 5	長房退財・ 心病・目疾・ 瘡毒(창독).	水 9	九運 發財. 宜小河圳(하수)・ 田水.	水 ⑦	當元發財・ 文藝出名.
山 8	八運 出武貴・ 異路功名.	山 1	【吉坐】 噬嗑:初2爻, 4・5爻.	山 3	官訟刑殺・ 母子不和・ 囚禁(수금).
水 6	長房破材・ 冷退.	水 4		水 2	癌症・ 重物壓傷・ 胃病.
山 4	宜遠秀山, 上元發科甲.	山 6	頭痛・筋骨病. 退人丁.	山 2	重物壓傷・ 出僧尼(승니).
水 1	水圓亮, 發科名.	水 8	八運 出武富. 異路功名.	水 3	官訟刑傷・囚禁・ 肝病・脚病.

七運　丑坐未向(替卦)

<table>
<tr><td colspan="3">

辰　　　〈丙〉向　　　未

1 ⑦ 六	6 2 二	8 9 四
9 8 五	+2 -6 七	4 4 九
5 3 一	⑦ 1 三	3 5 八

甲　　　　　　　　　庚

丑坐　　　壬　　　戌
</td></tr>
</table>

運坐	七運 丑坐未向(替卦) 022.5-025.5　　034.5-037.5
四局	山星：壬 向星：辰
地運	160年 (六運 入囚)
城門	正城門：✗ 副城門：丙
特記	七星打劫(震·乾·離)

山 1	催官·催丁, 宜文峰高秀.	山 6	有山水形惡, 主招怪異不安.	山 8	宜有山, 山中有湖. 八·九運 富貴.
水 ⑦	房房發財, 出文·武貴.	水 2	丙水, 雖發財而多病.	水 9	有水無山, 八運 損丁· 九運 發財.
山 9	旺丁, 結婚重來; 秀山, 出貴.	山 2		山 4	女人當家· 有不貞之名.
水 8	財喜連連, 田園富盛.	水 6		水 4	婦女喧鬧(훤뇨:말싸 움)·不貞·肝病.
山 5	小人丁, 忌有高大之山.	山 ⑦	庶妾生貴子, 宜端正山峰.	山 3	損丁·肝病·脚病. 盜賊. 出盜賊· 暴徒(폭도).
水 3	賭博投機敗家· 肝癌· 殘廢(잔폐자:장애자).	水 1	一運 發財. 水忌直瀉而出.	水 5	賭博投機敗家(도박 투기), 走私·販毒.

七運 艮坐坤向 (下卦)

巽		午		坤 向	

運坐	七運 艮坐坤向 (下卦) 040.5 - 049.5
四局	雙星會坐(向星山上)
地運	120年(四運 入囚)
城門	正城門：酉 副城門：✗
特記	

2 3 六	6 8 二	4 1 四
3 2 五	-1 +4 七	8 6 九
7 7 一	5 9 三	9 5 八

卯 《酉》

艮坐 子 乾

山 2	脾胃病, 家人不和・車禍.	山 6	宜遠山, 和樂平安.	山 4	出文人, 山低平爲佳, 遠水亦可.
水 3	官訟刑殺. 頭痛・脚病(각병).	水 8	發財・積富, 出賢孝之人.	水 1	文章科甲. 水宜圓小.
山 3	山大而近, 長房損丁. 出劣子(출졸자).	山 1	【吉坐】 無妄卦：4爻, 5爻.	山 8	八運 旺丁, 出忠良孝子.
水 2	脾胃病・ 重物壓傷.	水 4		水 6	長房退財・ 官司・ 肺病.
山 7	有山無水, 破財・官司・ 傷殘(상잔).	山 5	小人口, 則有亦愚蠢(우준) 甚至絶孫(십지).	山 9	宜遠秀山, 九運 出文人.
水 7	發財・女人相助.	水 9	宜遠水之玄. 宜射主目疾.	水 5	目翳(목예)・火災・ 販毒(마약상)・ 家破人亡.

七運 艮坐坤向(替卦)

巽	午	坤向↗
2 5 六	6 1 二	4 3 四
3 4 五	-1 +6 七	8 8 九
⑦ 9 一	5 2 三	9 ⑦ 八

卯 《酉》 艮坐 子 乾

運坐	七運 艮坐坤向(替卦) 037.5-040.5　049.5-052.5
四局	山星：艮(旺山) 向星：乾
地運	160年(六運 入囚)
城門	正城門：酉 副城門：✗
特記	

山2	破財・疾病・死亡・鬧鬼怪(뇨귀괴).	山6	有文名・退丁財. 宜遠秀・有水相配.	山4	出文人, 懦弱反覆(나약반복) 肝膽病・手脚病.		
水5	疾病・損人. 長房破財.	水1	出科甲・功名. 水須圓亮.	水3	出怕事(파사), 不明是非, 反覆無常.		
山3	出怕事・反覆無常之人.	山1	科甲舉功名.	山8	八運 旺丁. 宜土型之山.		
水4	出秀士・懦弱之人. 乳癌.	水6		水8	八運 發財. 結喜重來(결희중래).		
山⑦	旺丁. 山宜低平. 圓小.	山5	疾病・損人口. 出凶暴之人.	山9	九運 旺丁. 山峰不可近逼(근핍).		
水9	損丁. 血症. 宜暗水. 九運 發財.	水2	破財・疾病・癌症・死亡.	水⑦	宜暗水, 當元發財.		

尋龍點穴

巳	丁	申向↗	運坐	七運 寅坐申向(下卦) 055.5 - 064.5

	巳	丁	申向↗
	2 3 六	6 8 二	4 1 四
乙	3 2 五	-1 +4 七	8 6 九 《辛》
	⑦ ⑦ 一	5 9 三	9 5 八
寅坐		癸	亥

運坐	七運 寅坐申向(下卦) 055.5 - 064.5
四局	雙星會坐(向星上山)
地運	120年(四運 入囚)
城門	正城門：辛 副城門：✗
特記	

山 2	官司刑訟・ 重物壓死.	山 6	頭腦・ 筋骨傷病・ 退田産.	山 4	宜遠山・低平, 出文人, 世代書香.
水 3	官訟刑訟・ 頭痛・脾胃病.	水 8	發財, 積富, 出賢孝之人.	水 1	文章科甲, 陽宅宜書房.
山 3	刑殺・劫盜・ 脾胃病・ 足疾.	山 1	科甲功名.	山 8	添丁(첨정：출산)・ 異路功名・ 文武雙全.
水 2	重物壓傷. 脾胃病, 癌症.	水 4	【吉坐】 旣濟卦：3爻, 上爻.	水 6	長房退財・ 官司, 忌近大之水.
山 ⑦	旺丁, 山不可逼近高壓.	山 5	黃腫(황종)・ 火毒・ 血光・損胎.	山 9	宜遠秀山. 近逼尖射主目疾・ 火災.
水 ⑦	旺財, 水要灣抱(만포).	水 9	宜遠水, 九運 發財.	水 5	黃腫・火毒・ 血光・眼疾・ 損胎.

巳	丁	申向 ↗	運坐	七運 **寅坐申向**(替卦) 052.5–055.5　　064.5–067.5
2　5　6　1　4　3			四局	山星 : 寅(旺山) 向星 : 亥
六　　二　　四				
3　4　-1　+6　8　8		《辛》	地運	160年(六運 入囚)
五　　七　　九				
⑦　9　5　2　9　⑦			城門	正城門 : 辛 副城門 : ✗
一　　三　　八				
寅坐	癸	亥	特記	巽宮(連珠三盤卦)

山 2	疾病, 出鰥寡. 脾胃病.	山 6	出貴, 宜文筆山.	山 4	風聲不正・ 官訟・盜賊・ 出放蕩子(방탕자).
水 5	出寡婦, 退產田產・ 疾病損人.	水 1	中男發橫財. 水秀出貴.	水 3	盜賊・官訟・ 刑殺・ 出入反覆無常.
山 3	盜賊・官訟・ 刑殺・腿疾(퇴질: 넓적다리 병).	山 1	科擧及第功名 【吉坐】	八運 少房產忠忠 良之人・ 雙生兒(쌍생아).
水 4	風聲不正, 淫蕩, 昧事無常.	水 6	无妄卦 : 4爻, 5爻. 旣濟卦 : 3爻, 上爻.	水 8	發橫財. 進益田產.
山 ⑦	宜低平之土形山, 忌逼壓粗醜 (기핍압조추).	山 5	黃腫(황종), 瘟癀(온광)・ 少丁嗣・絶嗣	山 9	宜遠山, 忌近逼・惡形山.
水 9	宜遠水・不見水光. 水大, 火災.	水 2	破財・黃腫・ 癌症・出鰥寡.	水 ⑦	宜小水, 發財. 大水血症.

265

尋龍點穴

辰	丙	《未》	運坐	七運 甲坐庚向(下卦) 070.5 - 079.5
4 8 六	9 4 二	2 6 四	四局	上山下水 · 伏吟
3 ⑦ 五 (甲坐)	+5 +9 七	⑦ 2 九 (→庚向)	地運	40年(九運 入囚)
8 3 一	1 5 三	6 1 八	城門	正城門 : 未 副城門 : 戌
丑	壬	〈戌〉	特記	伏吟(大凶)

山 4	風癱(풍탄) · 黃疸(황달) · 肝膽病 · 出浪蕩子.	山 9	九運 旺丁, 山文士. 老婦長壽.	山 2	疾病 · 癌腫 · 迷信(미신) · 寒熱往來.
水 8	八運 發財, 出在野之賢人.	水 4	水路直沖, 姑婦不睦(고부갈등).	水 6	長房發財, 但迷信 · 鬼神不安.
山 3	橫死 · 刑殺 · 吐血(토혈) · 腦出血(뇌출혈).	山 5	【吉坐】 離卦 : 3爻, 上爻.	山 ⑦	出醫卜人才, 宜七星 · 葫蘆案山 (호로안산).
水 ⑦	發橫財, 文武全才, 女人相助.	水 9		水 2	脾胃病 · 熱症 · 發炎.
山 8	八運 旺財, 出賢人, 孝子忠臣.	山 1	出神童 · 奇才, 要文峰高秀.	山 6	秀峰出貴, 受貴人提拔.
水 3	損丁 · 遭劫盜 · 車禍, 脚病.	水 5	退財 · 橫禍 · 性病, 尿毒(뇨독).	水 1	科甲功名, 宜之玄秀水, 水外有峰.

辰	丙	《未》
4 6 六	9 2 二	2 4 四
甲坐　3 5 五	+5 +⑦ 七	⑦ 9 九　→ 庚向
8 1 一	1 3 三	6 8 八
丑	壬	《戌》

運坐	七運 甲坐庚向（替卦） 067.5-070.5　　079.5-082.5
四局	山星：庚(下水) 向星：中宮(入囚)
地運	0年(七運 入囚) ✓
城門	正城門：未 副城門：戌
特記	伏吟(大凶)

山 4	退人丁・剋妻・肝病・股病(넓적다리고)・刀傷.	山 9	九運 旺丁, 出文藝人才.	山 2	脾胃病・老母災殃・악성종기・腫瘤(종류:혹)・黃疸.
水 6	勞碌(노록)・奔走(분주)・退財・官司.	水 2	眼疾・瞽目(고목:소경)・腫瘤・落胎.	水 4	忌直射, 出媤欺姑母之驅媳迫(기고지식).
山 3	有高山, 丁財兩敗・橫禍連連.	山 5	〈57〉凶星, 掠奪被害, 破産橫禍, 癲藥官非.	山 ⑦	旺丁. 山峰不可逼迫・刑惡.
水 5	後有水放光, 三房發財.	水 ⑦		水 9	宜靜水・小水 三房・小女發財.
山 8	八運 旺丁, 出忠良之人.	山 1	添丁, 八運 出貴 創業成家.	山 6	老翁無依(노옹무의), 長房乏嗣.
水 1	次房・ 三房發財.	水 3	蛇咬, 刑杖, 長子放蕩.	水 8	八運, 三房武富武貴 長房虛名.

七運 卯坐酉向 (下卦)

巽	午	坤		運坐	七運 卯坐酉向 (下卦)
6 1 六	1 5 二	8 3 四			085.5 - 094.5
⑦ 2 五 卯坐	-5 -9 七	3 ⑦ 九 →酉向		四局	旺山旺向
2 6 一 艮	9 4 三 子	4 8 八 乾		地運	40年 (九運 入囚)
				城門	正城門 : X 副城門 : X
				特記	

山 6	催官(최관:승진), 來龍出貴. 宜文筆山.	山 1	催丁(최정:똑똑함), 宜金形之山.	山 8	有秀山, 出聰明賢良之人.
水 1	水圓亮・之玄, 出貴.	水 5	山高逼壓穴, 損壯丁. 明見水光, 不孕・水腫・怪胎.	水 4	未水來, 遭雷殛(조뢰극:벼락 으로 사망).
山 ⑦	旺丁, 出醫卜(출의복)・ 武職.	山 5	[不合局時] 飮毒・火災.	山 3	肝病・足病・ 刑殺・ 出暴徒橫死.
水 2	疾病・癌症・ 寡婦(과부)・ 胃腸病(위장병).	水 9	【吉坐】 臨卦:3爻.	水 ⑦	當元進財, 武市大利.
山 2	白虎砂, 忌高逼壓主, 出寡婦.	山 9	九運 科甲聯芳, 兄弟齊發.	山 4	小口(미성년자) 損傷, 多生女兒.
水 6	長房退財・ 迷信・有功名.	水 4	貪圖往返(탐도왕반: 헛수고), 小成多敗.	水 8	水宜出・ 不宜入. 主三房發財.

七運 卯坐酉向（替卦）

巽　　　午　　　坤	運坐	七運 卯坐酉向（替卦） 082.5－085.5　　094.5－097.5
6 1／六　1 5／二　8 3／四	四局	旺山旺向
卯坐　7 2／五　-5 -9／七　3 7／九 →酉向	地運	40年（九運 入囚）
2 6／一　9 4／三　4 8／八	城門	正城門：✗ 副城門：✗
艮　　　子　　　乾	特記	

山 6	長房出貴, 宜遠秀之山·水.		山 1	催丁(독독함), 生貴子, 宜遠峰高秀.		山 8	生聰明之子, 忠良雙全.
水 1	池湖圓亮, 科舉不替.		水 5	損丁·不姙· 水腫·破產· 橫禍.		水 3	損丁·兄弟鬩牆 (혁장:내분)· 官訟·盜賊.
山 7	旺丁, 出醫卜人才. 宜葫蘆山.		山 5	[不合局時] 飲毒·火災.		山 3	出苛暴之人; 「穿心殺(천심살)」, 吐血, 凶死.
水 2	損丁·火災· 發癌·破敗.		水 9	【吉坐】 臨卦：上爻. 損卦：上爻.		水 7	武職·工商發財. 文武雙全.
山 2	損丁·胃腸病· 腫瘤(종류:혹)· 迷信.		山 9	九運 科名, 兄弟齊發.		山 4	損小口· 風濕關節炎· 肝病·股病.
水 6	長房有科名, 但迷信·退財.		水 4	婦女喧鬧(훤뇨)· 不貞, 小成多敗.		水 8	八運 發財. 水宜出, 發外鄉.

七運 乙坐辛向(下卦)

巳　　　丁　　　申		運坐	七運 乙坐辛向(下卦) 100.5 − 109.5

6 1 六	1 5 二	8 3 四
7 2 五	-5 -9 七	3 7 九
2 6 一	9 4 三	4 8 八

乙坐 ← 左側　　　辛向 →

寅　　　癸　　　亥

運坐	七運 乙坐辛向(下卦) 100.5 − 109.5
四局	旺山旺向
地運	40年(九運 入囚)
城門	正城門：✕ 副城門：✕
特記	

山 6	長房出貴, 宜文筆山. 書香不絶.	山 1	宜金形山, 催丁(최정:똑똑함)· 生貴子.	山 8	生聰明, 賢良之人· 忠孝傳家.
水 1	有池湖圓亮, 世代書香.	水 5	損丁·不姙· 黃腫·怪胎· 出鰥夫(환부:홀아비).	水 4	損丁·兄弟不和· 官訟·盜賊.
山 7	旺丁, 出醫卜命相人才, 宜葫蘆山.	山 5	【吉坐】 節卦:2爻, 5爻.	山 3	出苛暴之, 人足病·刑殺.
水 2	損丁·火災· 癌症. 破家.	水 9		水 7	七運 進財, 武職· 商工發財. 文武雙全.
山 2	損丁·脾胃病· 腫瘤(종류:혹)· 黃腫·迷信.	山 9	九運 科名, 兄弟齊發.	山 4	損小口(미성년자), 風濕病. 忌大山逼塞(핍색).
水 6	長房有科名, 但迷信·退財.	水 4	婦女喧鬧·不貞, 小成多敗.	水 8	八運 發財. 水宜出, 發於外鄉.

				運坐	七運 乙坐辛向(替卦) 097.5–100.5　　109.5–112.5
巳　丁　　申				四局	旺山旺向
6 1　1 5　8 3 六　　二　　四				地運	40年 (九運 入囚)
⑦ 2　-5 -9　3 ⑦ 五　　七　　九	乙坐	辛向→		城門	正城門：x 副城門：x
2 6　9 4　4 8 一　　三　　八				特記	
寅　癸　　亥					

山 6	長房出貴, 宜水外之文筆峰.	山 1	催丁, 生貴子, 宜金形之山.	山 8	生聰明賢良之子, 忠孝傳家.
水 1	有池湖圓亮, 科甲不替.	水 5	損丁·不姙· 怪胎· 橫腫·尿毒.	水 3	損丁· 兄弟不和· 官訟·足病.
山 ⑦	旺丁, 出醫卜命相人才. 宜葫蘆山.	山 5	[不合局時] 飲毒·火災.	山 3	肝病·腳病· 離婚· 出苛暴之.
水 2	損丁·火災· 癌症·破財· 血症·淫亂.	水 9	【吉坐】 損卦：3爻.	水 ⑦	武市· 工商發財· 文武兼備.
山 2	損丁·脾胃病· 黃腫瘤(황종)· 迷信.	山 9	九運 科擧及第, 兄弟齊發. 出貴女.	山 4	損小口·風濕病· 膽石症· 癱瘓(탄탄:중풍).
水 6	長房有科名, 但迷信 退財.	水 4	婦女喧鬧(훤료)· 不貞, 破敗家業.	水 8	八運 發財 水宜出, 發於外鄉.

辰坐	丙		未		運坐	七運 辰坐戌向（下卦） 115.5 – 124.5
	⑦9 六	24 二	92 四		四局	旺山旺向
甲	81 五	-6-8 七	46 九	庚	地運	20年（八運 入囚）
	35 一	13 三	5⑦ 八	↘	城門	正城門：✕ 副城門：✕
丑		壬		戌向	特記	

山⑦	旺丁・ 武貴；山秀， 出美女，女貴.	山2	脾胃病・ 姑婦葛藤・ 發癌.	山9	九運 人丁・ 科甲鼎盛， 出大儒.
水9	肺病・中風・ 損丁・血症. 宜暗水.	水4	宜暗水，文藝發財， 水直沖射脅， 姑婦葛藤.	水2	脾胃腸病，目疾・ 難產，暗悶・ 災晦(재회).
山8	出貴丁， 文人秀士以興.	山6	【吉坐】 暌卦：4爻.	山4	婦女喧鬧， 忌砂如繩索， 縣樑自縊(현량자액).
水1	一運 發財. 八運 損丁. 忌大水近沖.	水8		水6	肺病， 「木見戌朝」， 剋妻.
山3	蛇咬・脚病・ 賭博(도박)・ 飄蕩(표탕：떠돌이).	山1	催貴・ 科甲首選， 宜遠秀山.	山5	少人丁・破財・ 剋妻・肺病・ 喉症.
水5	非禍橫加・ 腎耳之病・ 落胎.	水3	官訟・盜賊・ 蛇咬， 出放蕩子孫.	水⑦	發財致富， 宜暗水， 不宜明見.

辰坐	丙		未
	⑦ 8	2 3	9 1
	六	二	四
甲	8 9	-6 -⑦	4 5
	五	七	九	庚
	3 4	1 2	5 6
	一	三	八
丑	壬		戌向

運坐	七運 辰坐戌向(替卦) 112.5-115.5　124.5-127.5
四局	山星：辰(旺山) 向星：中宮(入囚)
地運	0年(七運 入囚) ✓
城門	正城門：x 副城門：x
特記	七運 入囚(大凶)

山 ⑦	有丁無財, 要山水竝見方可.	山 2	常生疾病災晦 (脾胃病・熱症).	山 9	九運 仲房旺丁・ 科甲, 出大儒.
水 8	損丁發財, 要山水竝見方可.	水 3	官訟・刑殺・ 車禍(차화)・ 囚禁(수금).	水 1	九運・一運 長仲房發財・ 科擧.
山 8	八運 季房旺丁・ 仲房破財.	山 6	【吉坐】 兌卦：上爻.	山 4	乳癰(유옹)・ 賭博破家・女人喧 鬧(훤료:떠듬).
水 9	八運 仲房發財・ 季房損丁.	水 ⑦		水 5	目疾・心病・ 癡呆(치매)・ 黃腫・火災.
山 3	蛇咬・肝病・ 脚病・ 長房遊蕩(장방유탕).	山 1	上元出貴子・ 科名, 宜遠峰挺秀.	山 5	手足・筋骨有病. 少人丁, 絶嗣.
水 4	出蕩子・ 水形惡者出淫賤.	水 2	水厄(수액)・ 黃腫(황종)・ 脾胃病・損丁.	水 6	武富・ 武貴, 忌大水而近.

七運 巽坐乾向（下卦）

<table>
<tr><td colspan="3">巽坐　　午　　　坤</td><td>運坐</td><td>七運 巽坐乾向（下卦）
130.5 – 139.5</td></tr>
</table>

巽坐	午	坤		運坐	七運 巽坐乾向（下卦） 130.5 – 139.5
5 ⑦ 六	1 3 二	3 5 四		四局	上山下水
卯 4 6 五	6 8 七	8 1 九 〈酉〉		地運	20年（八運 入囚）✔
9 2 一	2 4 三	⑦ 9 八		城門	正城門：子 副城門：酉
艮	《子》	↓乾向		特記	聯珠三盤卦

山 5	少人丁・破財・ 口腔癌・肺癌.	山 1	有秀峰, 出貴, 得卯峰相配爲聯14星, 發科名之顯.	山 3	賭博破家 (도박파가)・ 車禍・出破家者.
水 ⑦	宜暗水・空地. 見明水・財來而破.	水 3	肝膽病・手脚病痛. 損丁敗財・出賊小.	水 5	賭博破家・ 橫禍・ 吸食中毒.
山 4	苦生・退財・ 寒症・ 男女苟合(구합).	山 6	【吉坐】 泰卦：3爻, 上爻.	山 8	八運 旺丁. 出貴・ 文才不絶.
水 6	苦生・剋妻・ 股病・中風・ 癱瘓(탄탄:중풍).	水 8		水 1	發財. 1白水 悠久福厚.
山 9	九運 旺丁, 多生文士・ 儒者.	山 2	癌症・剋老婦・ 婆姑媳婦不和(파식 불화).	山 ⑦	七運 旺丁, 九運 運破財, 宜遠山.
水 2	癌症・熱症・ 損丁敗財・ 目疾.	水 4	壬水・癌症. 子・癸水發財.	水 9	九運 發財. 七運 損丁(戌・亥 年).

巽坐	午	坤		運坐	七運 巽坐乾向(替卦) 127.5-130.5　139.5-142.5
5 6 六	1 2 二	3 4 四		四局	山星:乾(下水)　向星:中宮(入囚)
4 5 五	+6 +⑦ 七	8 9 九		地運	0年(七運 入囚)✓
9 1 一	2 3 三	⑦ 8 八		城門	正城門:子　副城門:酉
艮	《子》	乾向		特記	七運 入囚(大凶)

(卯 〈酉〉)

山5	小人丁· 長房重病· 老人癡呆(치매).	山1	催丁. 要金形山, 才能取貴.	山3	進退無功· 肝膽病·脚病· 出不肖子.
水6	老人病· 長房退財.官司· 癡呆(치매).	水2	黃腫·尿毒· 不姙·落胎· 損丁.	水4	長婦壓夫· 進退無功· 破財.
山4	乳癌· 賭博遊蕩破家.	山6	【吉坐】 履卦:初2爻.	山8	八運 季房丁貴. 次房破財剋妻.
水5	肝膽病·股病· 乳癰(유옹)· 家破人亡.	水⑦		水9	八運 仲房發財· 季房損丁.
山9	催丁. 九運 出科名, 多誕男兒.	山2	胃腸病· 黃腫· 重物壓傷.	山⑦	當運旺財· 破財· 尤旺女兒.
水1	一運 出科名, 勤儉興家(근검흥가).	水3	犯法·刑殺· 肝病· 盜賊·脚痛.	水8	八運 發財, 七運 損丁.

七運 巳坐亥向(下卦)

				運坐	七運 巳坐亥向(下卦) 145.5 – 154.5
巳坐	丁	申		四局	上山下水
5 ⑦ 六	1 3 二	3 5 四		地運	20年 (八運 入囚) ✓
4 6 五	+6 +8 七	8 1 九	〈辛〉	城門	正城門：癸 副城門：辛
9 2 一	2 4 三	⑦ 9 八		特記	聯珠三盤卦
寅	《癸》	亥向			

山 5	少人丁・剋妻・破財・寒症・大敗・甚至絶嗣(절사).	山 1	催丁, 宜尖挺山之峰, 出文武・智勇雙全之人.	山 3	賭博遊蕩破家・往返無功.
水 ⑦	房房發財, 武市損丁.	水 3	蛇咬, 棒打, 犯法, 刑殺, 雷殛, 盗賊, 囚禁, 肝病.	水 5	癌症腫毒・販毒・密輸犯・食中毒・家破人亡.
山 4	賭博遊蕩破家・官訟・縊死(액사).	山 6		山 8	八運 婚喜重重. 宜端方之山.
水 6	長房父子・夫婦不和, 官司.	水 8	【吉坐】 需卦：初爻, 2爻.	水 1	八運 季房損丁, 仲房發財.
山 9	九運 出科甲・功名, 宜遠秀之山.	山 2	胃腸病・肝病・車禍・壓傷(압상).	山 ⑦	宜葫蘆山, 出醫卜堪輿奇才.
水 2	目疾(목질)・熱症(열증)・脾胃病・血症(혈증).	水 4	水忌直沖・姑婦葛藤(고부갈등)・被詐欺.	水 9	仲房發横財. 季房損丁.

巳坐	丁	申		運坐	七運 巳坐亥向(替卦) 142.5-145.5　154.5-157.5
5 8 六	1 4 二	3 6 四		四局	山星：亥(下水) 向星：乙
4 ⑦ 五	+6 -9 七	8 2 九	乙／辛	地運	40年(九運 入囚)
9 3 一	2 5 三	⑦ 1 八		城門	正城門：癸 副城門：辛
寅	癸	亥向		特記	

山 5	長房乏嗣(핍사)·重病, 季房破財.	山 1	催丁貴, 宜圓形秀峰.	山 3	頭痛·折足(절족: 다리 부러짐). 官司·車禍·殺傷.
水 8	八運 大發橫財, 福澤綿遠.	水 4	宜遠水, 出文人. 忌近水, 淫蕩.	水 6	頭痛·腳病·刀傷·肝病·官司.
山 4	剋妻·官司·吐血·喘嗽(천수)·肝膽病.	山 6	中宮不宜安爐灶, 出逆子·經血病.	山 8	八運 結婚喜運重重, 出賢人.
水 ⑦	當元發財·出人文雅(문아: 점잖음).	水 9		水 2	熱症·出僧尼·脾胃病·精神病.
山 9	九運 出貴, 生聰明之子.	山 2	疾病·損人·黃腫·脾胃病.	山 ⑦	宜方圓端莊之山, 主丁·貴.
水 3	蛇咬·棒打·雷殛(전극:벼락 맞음)·長房破財.	水 5	病疾損人·賭博投機破家.	水 1	一運 發財 七運 損丁 八·九運 催官

七運 丙坐壬向(下卦)

	丙坐	
辰		未
3 2 / 六	⑦ ⑦ / 二	5 9 / 四
甲　4 1 / 五	-2 +3 / 七	9 5 / 九　庚
8 6 / 一	6 8 / 三	1 4 / 八
丑	壬向 ↓　《戌》	

運坐	七運 丙坐壬向(下卦)　160.5 – 169.5
四局	雙星會坐(向星上山)
地運	100年(三運 入囚)
城門	正城門：戌　副城門：✕
特記	

山 3	官司・折足・殺傷・頭痛・肝病.	山 ⑦	宜低小遠山, 出醫卜武貴.	山 5	目疾・心病・人丁冷退・絶孫・橫死.
水 2	疾病・迷信・脾胃病・刑獄.	水 ⑦	發橫財・女人相助成功.	水 9	宜小水・暗水, 九運 發財.
山 4	宜遠秀之山, 出文人雅士.	山 2	坐後山峰高大逼壓, 主剋妻・破財.	山 9	九運 旺丁, 宜遠秀之山峰.
水 1	出文秀之人, 宜遠山.	水 3	【吉坐】大有卦：初爻, 4爻.	水 5	目疾・心病・出愚頑(우완:어리석음)之人.
山 8	出貴人・文士參軍・異途擢用(이도탁용).	山 6	長房退人丁・車禍・手術・官司.	山 1	宜文筆峰挺秀, 主科甲壯元及第.
水 6	長仲季房或退財・或損財.	水 8	發財・異路功名・季房孝順.	水 4	男女放蕩, 忌大水浩蕩・湍激(단격:여울물).

七運 丙坐壬向（替卦）

辰	丙坐	未
3　9　**六**	⑦　5　**二**	5　⑦　**四**
4　8　**五**	-2　+1　**七**	9　3　**九**
8　6　**一**	6　6　**三**	1　2　**八**

甲（左）　庚（右）　丑　壬向↓　《戌》

運坐	七運 丙坐壬向（替卦） 157.5-160.5　169.5-172.5
四局	山星：丙(旺山) 向星：未
地運	60年(一運入囚)
城門	正城門：戌 副城門：x
特記	

山3	火災·官司·肝病·脚病·出人暴力輩.	山⑦	旺丁·出武貴·醫卜·法官.	山5	重病·乏嗣·破財·剋妻·官刑.
水9	九運發財, 好衣好食.	水5	損丁·是非橫禍·疾病鰥寡.	水⑦	當元發橫財·武市大利.
山4	非禍橫加·乳癰·瘡疽(창저)·癱瘓(탄탄).	山2		山9	九運旺丁, 考試大利, 功業偉大.
水8	八運發財, 不動産增加.	水1		水3	惹是生非(말썽)·男盜女淫·搶殺·雷打·炸死.
山8	八運旺丁. 四運損丁·大敗.	山6	長房官訟·頭痛脚病·車禍.	山1	催丁, 八·九運出貴, 宜高秀.
水4	風濕關節症·證券損害·勒死(늑사:타살).	水6	長房官訟·退財骨病·車禍.	水2	黃腫·聾兒(농아)·不動産減少·多病多災.

七運 午坐子向(下卦)

	巽	午坐	坤		運坐	七運 午坐子向(下卦) 175.5 – 184.5
	1 4 六	**6 8** 二	**8 6** 四		四局	雙星會向(山星下水)
卯	**9 5** 五	**+2 -3** 七	**4 1** 九	酉	地運	20年 (八運 入囚)
	5 9 一	**⑦ ⑦** 三	**3 2** 八		城門	正城門：✗ 副城門：艮
〈艮〉		↓ 子向	乾		特記	向星合十, 七星打劫

山 1	秀峰挺拔(정발), 書香世家・ 文章華國.	山 6	宜遠山, 長房出貴・ 武科發跡.	山 8	金箱・玉印之山, 富貴榮華, 忠孝傳家.
水 4	肝膽病・神經痛・ 出浪蕩之人・ 文妖.	水 8	水纏玄武(수전현무), 次運發財・武貴.	水 6	長房退財. 八運末・ 申年, 人丁不利.
山 9	宜遠秀之山, 九運 出貴, 文筆現, 產大儒.	山 2		山 4	宜遠秀之山, 出文人. 忌逼壓・反背.
水 5	怪異・破產・ 目疾・肝病・ 胃病・產厄.	水 3		水 1	宜遠照, 上元大旺, 名利雙收.
山 5	少人丁・眼病・ 血疾・ 神志昏迷(신지혼미).	山 ⑦	宜蛾眉・半月形小 山, 出人文質彬彬 (彬:빛날 빈).	山 3	忌山如囚獄・ 枷鎖(가쇄), 主犯法入獄.
水 9	宜遠水. 忌近而大, 主火災・ 目疾・腸病.	水 ⑦	宜田源溝洫(구혁) 之水, 財源滾滾(곤곤).	水 2	癌症・墜落・ 壓傷・暗悶災晦 (암민재회)

七運 午坐子向(替卦)

	運坐	七運 午坐子向(替卦) 172.5~175.5　184.5~187.5		
	四局	上山下水		
	地運	80年(三運 入囚)		
	城門	正城門：✗ 副城門：艮		
	特記			

巽　　午坐　　坤

1 3	6 ⑦	8 5
六	二	四
9 4	+2 -2	4 9
五	七	九
5 8	⑦ 6	3 1
一	三	八

卯　　　　　酉
艮　　↓子向　　乾

山 1	出文武全才 · 發明家 · 調解委員.	山 6	巽方無山, 主劫掠 · 殺傷 · 肺病 · 骨病.	山 8	出神童 · 高僧 · 聖賢仙佛.
水 3	分散 · 落入陷穽(낙입함정) · 流亡.	水 ⑦	武市發財, 鉅富財閥(거부재벌).	水 5	痲藥去來 · 密輪 脾胃病 · 鼻癌 · 癡呆(치매).
山 9	家多好善 · 婦女當家 · 出詩人 · 作家.	山 2	巽1 離6 坤8 三吉星.	山 4	肝臟病 · 腸炎 股病 · 暈眩 · 男丁稀少(희소).
水 4	勒死焚屍 · 肝膽 病 · 腸炎 · 神經 痛 · 暈眩(훈현).	水 2	【吉坐】 大過卦：5爻.	水 9	婦女興家, 人物善良 · 文章出名.
山 5	乏丁(핍정) · 絶孫 · 腫毒 · 癡呆 · 癱瘓 · 惡果.	山 ⑦	出武貴 · 特任官 · 佈道家 · 法官.	山 3	出盜賊 · 浪子 · 溺水(익수) · 分屍 · 脚病.
水 8	積富 · 福壽雙全 · 善報.	水 6	劫奪虜掠(겁탈노략) · 不和 · 官訟是非 · 婦女淫奔.	水 1	勤儉創業 · 專利發財(:독과점 발재).

尋龍點穴

七運 丁坐癸向(下卦)

巳	丁坐	申	運坐	七運 丁坐癸向(下卦) 190.5 – 199.5
1 4 六	6 8 二	8 6 四	四局	雙星會向(山星下水)
乙 9 5 五	+2 -3 七	4 1 九 辛	地運	20年(八運 入囚)
5 9 一	⑦ ⑦ 三	3 2 八	城門	正城門 : X 副城門 : 寅
〈寅〉	↓癸向	亥	特記	向星合十, 七星打劫

山 1	房房出文秀・科甲, 世代書香.	山 6	八運 房房發財, 一門祥和.	山 8	八運 出武貴・孝子・賢人.
水 4	肝病・身痛・男女放蕩・飄泊逃亡(떠돌이).	水 8	長房丁少・出鰥夫(환부)・骨病・發育不良之人.	水 6	長房退財. 坐吃山空(먹고놀기)・奢侈(사치).
山 9	九運 旺丁. 宜遠山呈秀(정수).	山 2	巽1 離6 坤8 三吉星.	山 4	子弟 放蕩(자제방탕)・逃亡(도망)・家人離散.
水 5	退財・目疾・腸病・家破人亡.	水 3	【吉坐】 鼎卦：3爻. 上爻.	水 1	勤儉 創業(근검창업), 名利雙收, 富而好禮.
山 5	少人丁・絶孫. 目疾・腸病・腫毒(종독·부스럼).	山 ⑦	旺丁. 山逼而形惡者, 損丁.	山 3	長房丁稀・車禍刑獄・肝癌.
水 9	九運 發財. 忌大水浩蕩(호탕), 發凶.	水 ⑦	出剛毅(강의)明敏之人, 發財.	水 2	自甘墮落・久病痼疾(구병고질)・田宅破家.

巳	丁坐	申
9 3　六	5 ⑦　二	⑦ 5　四
8 4　五	+1 -2　七	3 9　九
4 8　一	6 6　三	2 1　八
〈寅〉	↓癸向	亥

乙（左）　辛（右）

運坐	七運 丁坐癸向(替卦)　187.5-190.5　199.5-202.5
四局	山星：申　向星：丁(上山)
地運	80年(三運入囚)
城門	正城門：x　副城門：寅
特記	

山 9	宜遠山,出聰明奇才・司法人員.	山 5	淫濫・乏男丁・絕孫・服毒・吸食毒品.	山 ⑦	出語文專家・評論家・名女人・名嘴(명취).
水 3	男盜女娼・刑獄・灼傷(작상)・歇斯底里(신경질).	水 ⑦	發財・武市大利.但57凶星,是宜凶星,宜暗水.	水 5	販毒・密輸(밀수)・服毒・破產・癌症・橫死.
山 8	風濕關節病・懷才不遇(회재불우)・忌逼壓.	山 1	【吉坐】大過卦:2爻.4爻.	山 3	男盜女娼・肥滿症・出人刻薄・肝膽病.
水 4	風濕關節病・癱瘓・紅杏出牆・自縊・勒死.	水 2		水 9	招財進寶・華廈鼎新(호화주택)・功業宏偉.
山 4	風濕關節病・懷才不遇・瘓(탄탄:반신불수).	山 6	頭痛・骨病・鰥寡孤獨(환과고독)・肺病.	山 2	水腫・腹痛・流產・陽痿(양위)・聾啞・不姙.
水 8	不動產增加・出貴子.	水 6	官司・退財・肺病・新陳代謝不利.	水 1	宜遠水,主勤儉創業.忌大水近水.

七運 未坐丑向(下卦)

辰	丙		未坐	運坐	**七運 未坐丑向**(下卦) 205.5 − 214.5

辰	丙		未坐
5　9 六	9　5 二	7　7 四	
6　8 五	-4　+1 七	2　3 九	甲　　庚
1　4 一	8　6 三	3　2 八	
丑向	壬	戌	

運坐	七運 未坐丑向(下卦)　205.5 − 214.5
四局	雙星會坐(向星山上)
地運	60年(一運 入囚)
城門	正城門：✕ 副城門：✕
特記	

山5	乏男丁(핍남정)・絶孫・目疾・心病・腸炎.	山9	宜遠山呈秀,出文士・名儒(명유).	山7	宜遠秀・端正山峰,出帥哥(수가：미남)・美女.
水9	宜小水・靜水,九運 發財.	水5	火災・犯法・吸食毒品(흡식독품)・破産・横禍.	水7	當元發財,女人相助・得横財.
山6	退人口・無功名・婦女短命・久而無嗣(무사).	山4	中宮〈14〉陰陽二宅建築形式優美者,出文秀.	山2	脾胃病・臌脹(고창)・傷老母・擊傷(擊:칠 격).
水8	發財・文武雙全,異路功名.	水1	【吉坐】井卦:初2爻 중간.45爻 중간	水3	刑獄・逆子弑母(역자시모)・肝膽病・退敗田宅.
山1	宜文筆高挺(挺:빼어날 정),世代書香.	山8	出文武全才・孝子・賢人・家庭和樂.	山3	刑獄・逆子弑母・出賊盗・流氓(유맹)・暴徒.
水4	男蕩女淫・肝病・風癱(풍탄)・傳染病.	水6	退財・坐吃山空(좌흘산공)・出鰥夫・乏嗣(핍사).	水2	脾胃病・田宅破敗・疾病淹久(질병엄구)〔久:오랠 엄〕

辰	丙		未坐	運坐	七運 未坐丑向（替卦） 202.5–205.5　214.5–217.5

辰	丙	未坐
⑦ 1　2 6　9 8 六　二　四		
8 9　-6 +2　4 4 五　七　九		
3 5　1 ⑦　5 3 一　三　八		
丑向	壬	戌

甲（左）　庚（右）

運坐	七運 未坐丑向（替卦） 202.5–205.5　214.5–217.5
四局	山星：辰 向星：壬
地運	80年（三運 入囚）
城門	正城門：✗ 副城門：✗
特記	向上（艮宮）見水大凶

山⑦	出教師・命卜師（명복사）・辯護士・仲介商・醫師	山2	寒熱往來・鬼神崇尙・現實貪鄙（탐비：구두쇠）.	山9	宜遠秀, 子孫繁盛（번성）,出儒學者・文人.
水1	宜遠水長流,主勤儉創業（근검창업）.	水6	寒熱往來・鬼神崇尙・退敗財產.	水8	經商發財・海外揚名立業.
山8	結婚重來,田園富盛・子孫蕃衍（번연：번성）.	山6	【吉坐】蠱卦：4爻.	山4	出浪蕩子女,風癱・肝病・氣喘（기천：기침）.
水9	經商發財・名揚四海,宜遠水.	水2		水4	出浪蕩子女, 漂泊無成（표박무성）・肝病.
山3	瘟病（온병）・肝膽病・肝病・脚病・盜賊・橫死.	山1	仲房出貴,宜高秀之山峰.	山5	乏男丁・絕嗣・出暴戾（폭려）之人・橫死.
水5	瘟病・肝膽病・脚病・家破人亡.	水⑦	房房發財,惟好酒色.	水3	肝癌・車禍・賭博破家・傷殘（상잔）・凶死.

七運 坤坐艮向(下卦)

	午		坤坐		運坐	七運 坤坐艮向(下卦) 220.5 - 229.5
巽						
3 2 六	8 6 二	1 4 四		四局	雙星會向(山星下水)	
《卯》 2 3 五	+4 -1 七	6 8 九	酉	地運	120年(四運 入囚)	
⑦ ⑦ 一	9 5 三	5 9 八		城門	正城門：卯 副城門：子	
艮向	〈子〉	乾		特記		

山 3	遭賊盜・刑獄・出逆子弑母 (弑：죽일 시).	山 8	八運 旺丁・出武貴・房房皆發.	山 1	科擧及第・功名, 出文人秀士.	
水 2	遭刑獄・疾病・癌症・退田產(전산:부동산).	水 6	長房冷退・宜暗水不見.	水 4	水形忌反背, 否則流落無依.	
山 2	遭刑獄・出寡婦・癌症・胃腸病.	山 4	【吉坐】	山 6	長房人丁不旺・不實, 無功名.	
水 3	遭賊盜・刑獄・退敗田產(전산:부동산).	水 1	訟卦：2爻.5爻.	水 8	三房 八運 發財・武貴, 家門和樂.	
山 ⑦	旺丁, 山秀者出貴.	山 9	九運 旺丁, 忌見水, 否則出愚丁.	山 5	少人丁, 目疾・心臟血管病.	
水 ⑦	進財・女人相助・得橫財.	水 5	忌近水・大水, 家破人亡.	水 9	九運 長房發財, 忌見近大之山.	

巽	午	坤坐
5 2 六	1 6 二	3 4 四
4 3 五 《卯》	+6 -1 七	8 8 九 西
9 ⑦ 一 艮向	2 5 三 〈子〉	⑦ 9 八 乾

運坐	七運 坤坐艮向（替卦）217.5-220.5　229.5-232.5
四局	山星：乾 / 向星：艮(旺向)
地運	60年(一運 入囚)
城門	正城門：卯 / 副城門：子
特記	

山5	乏丁·絕嗣·聾啞(농아)·痴呆·鰥寡出蕩子.	山1	秀峰配秀水,科甲功名.	山3	出賊盜·乞丐(걸면)·昧事無常·肝膽病·脚病.
水2	鰥寡·疾病淹久·暗悶抑鬱(암민억울)·人死財散.	水6	秀峰配秀水,科甲功名.	水4	肝膽病·男蕩女淫·漂泊逃亡·多敗小成.
山4	肝膽病·作事反覆·嘸無常·股病·出蕩子.	山6	【吉坐】升卦：初爻.	山8	孿生子(연생아)·出賢才·修道人·忌逼塞之山.
水3	肝膽病·脚病·男蕩女淫·漂泊無成.	水1	蠱卦：初爻. 困卦：2爻.	水8	進益田產·發橫財·增福祿.
山9	近山逼塞(핍색),酒色荒唐·火災·血症.	山2	鰥寡孤獨·災晦怪異·疾病死亡.	山⑦	出美女·名律師·專欄作家·評論家.
水⑦	宜小水·暗水,發財.忌大水·湍激(단격),災禍.	水5	鬼邪作祟·痴呆·鰥寡孤獨·疾病死亡.	水9	忌大水,主火災·血症·官非橫禍.

287

七運 申坐寅向(下卦)

巳　　　　丁　　　　申坐			運坐	七運 申坐寅向(下卦) 235.5 ~ 244.5
3 2 六	8 6 二	1 4 四	四局	雙星會向(山星下水)
2 3 五	+4 -1 七	6 8 九	地運	120年(四運 入囚)
7 7 一	9 5 三	5 9 八	城門	正城門 : 乙 副城門 : 癸
寅向　　　〈癸〉　　　亥			特記	

《乙》　辛

山 3	出賊盜 · 地痞(지비) · 流氓 · 逆子弒母 · 路死.	山 8	出文武全才 · 孝子賢孫.	山 1	出貴子 · 文章科甲 · 附寵聯歡(부총연환).
水 2	婦女多病 · 賭博貪 瓻(도박탐완) · 人死財散.	水 6	退財 · 腦病 · 退化症 · 官司 · 奢侈破家(사치).	水 4	漂浪放蕩 · 淫奔破財 · 中圈套 陷穽(중권투함정).
山 2	胃腸病 · 暗悶 · 出 寡婦 · 疾病淹久(엄 구: 오래감).	山 4	【吉坐】 未濟卦 : 3爻. 上爻.	山 6	肺病 · 腦病 · 骨病 · 鰥夫無嗣 · 功名無望.
水 3	長男逆母 · 黃疸(황달) · 脚病 · 遭賊盜.	水 1		水 8	益田産 · 橫財 · 門庭光顯 · 和樂.
山 7	宜水外之案山, 添丁.	山 9	宜端秀之峰, 出貴子.	山 5	乏男丁, 絶嗣 · 火災 · 産厄 · 炸死(작사) · 槍決.
水 7	發財 · 女人相助 · 小房發達.	水 5	販毒 · 走私(밀수) · 腸癌 · 眼疗 · 槍決 · 炸死 · 火災.	水 9	發財, 宜小水 · 靜水.

巳	丁	申坐		運坐	七運 申坐寅向（替卦） 232.5–234.5　244.5–247.5
5 2	1 6	3 4		四局	山星：亥 向星：寅（旺向）
六	二	四			
4 3	+6 -1	8 8	辛	地運	60年（一運 入囚）
五	七	九			
9 ⑦	2 5	⑦ 9		城門	正城門：乙 副城門：癸
一	三	八			
寅向	《癸》	亥		特記	

《乙》

山 5	乏丁・絶嗣・聾啞（농아）・痴呆・鰥寡.	山 1	秀峰配秀水,科甲功名.出文人秀士.	山 3	出賊盜・乞丐（걸면）・昧事無常・肝膽病・脚病.
水 2	鰥寡・疾病淹久・暗悶抑鬱（암민억울）・人死財散.	水 6	秀峰配秀水,科甲功名.人財兩興.	水 4	肝膽病・脚病・男蕩女淫・多敗小成.
山 4	肝膽病・作事反覆無常・股病・出蕩子.	山 6	【吉坐】困卦：5爻.	山 8	攣生子・出賢才・修道人・忌逼塞之山.
水 3	肝膽病・脚病・男蕩女淫・漂泊無成.	水 1		水 8	進田產・發橫財・增福祿.
山 9	近山逼塞,酒色荒唐（황당）・火災・血症.	山 2	鰥寡孤獨・災晦怪異・疾病死亡.	山 ⑦	出美女・名律師・專業作家・評論家.
水 ⑦	宜小水・暗水,發財・忌大水・湍激（단격）,災禍.	水 5	鬼邪祟尙・癡呆・鰥寡孤獨・疾病死亡.	水 9	忌大水,主火災・血症・官非橫禍.

七運 庚坐甲向(下卦)

《辰》	丙	未		
8 4 六	4 9 二	6 2 四	**運坐**	七運 庚坐甲向(下卦) 250.5 – 259.5
⑦ 3 五	+9 +5 七	2 ⑦ 九	**四局**	上山下水・伏吟
甲向 ←		庚坐	**地運**	140年 (五運 入囚)
3 8 一	5 1 三	1 6 八	**城門**	正城門：✗ 副城門：辰
丑	壬	戌	**特記**	伏吟(大凶)

山8	宜端秀山峰, 出在野之賢人.	山4	婦女當家・暈眩(훈현)・肝病・久而乏嗣.	山6	寒熱往來・鬼神崇尙・迷信(미신).
水4	風濕關節症・中風・肝病・黃疸・股病(고병).	水9	宜遠水・暗水, 經商發財・出名.	水2	癌症・迷信・寒熱往來・不育.
山⑦	出文武全才, 賢婦助夫.	山9	【吉坐】 坎卦：3爻・上爻.	山2	子宮・胃腸病(癌)・火災・血症.
水3	劫盜・槍殺(창살:총살)・肝病・黃疸・脚病.	水5		水⑦	忌大水, 主火災・血症・傷殘・淫亂.
山3	出賊盜・逆者・兄弟不和・臌脹(고창)・黃腫.	山5	乏丁・絶嗣・性病・不姙・溺死(익사)・橫禍.	山1	出文人秀士・科甲功名・宜文筆峰.
水8	宜遠水・靜水, 進益田産.	水1	水腫(수종)・不姙・低能.	水6	宜之玄水・圓池・長房出貴.

七運 庚坐甲向(替卦)

<table>
<tr><td colspan="3">

《辰》　　　丙　　　　未

64	29	42
六	二	四
53	+7 +5	9 ⑦
五	七	九
18	31	86
一	三	八

甲向 ←　　　　　　　庚坐

丑　　　　壬　　　　戌

</td></tr>
</table>

運坐	七運 庚坐甲向(替卦) 247.5–250.5　259.5–262.5
四局	山星：中宮(入囚)　向星：庚(上山)
地運	140年(五運 入囚)
城門	正城門：✗　副城門：辰
特記	伏吟(大凶)

山6	官事牽連(관사견련)·頭病·肺氣腫.	山2	目疾·腸病·心病·產厄·宅母災憂.	山4	姑婦不和·肝膽病·脾胃病·風癱(풍탄:중풍).
水4	肝病·男女不倫勒死·自縊·窒息(질식).	水9	宜小水·暗水,發財·加官晉爵.	水2	脾胃病·疾病淹久·家業凌替(가업능체).
山5	乏丁·絕嗣·瘟瘴·肝膽病·家多怪異.	山⑦		山9	宜遠秀之山,出美女·專業作家.
水3	橫禍飛災·蛇咬(사교)·肝膽病·手脚傷殘.	水5		水⑦	宜暗水,發橫財·女人相助·武市大利.
山1	宜文筆峰·出文人秀士.一運添丁.	山3	溺水(익수),出賊盜·浪子·脚病·蛇咬·分屍.	山8	出文武全才·父慈子孝·出賢聖之人.
水8	發財·進益田產·少男發達.	水1	宜之玄長流水,勤儉興家(근검흥가).	水6	奢侈敗家(사치패가)·選擧破財官司·功名無望.

七運 酉坐卯向(下卦)

巽	午	坤		運坐	七運 酉坐卯向(下卦) 265.5 – 274.5
1 6 六	5 1 二	3 8 四		四局	旺山旺向
2 ⑦ 五	-9 -5 七	⑦ 3 九	酉坐	地運	140年 (五運 入囚)
6 2 一	4 9 三	8 4 八		城門	正城門：艮 副城門：✗
《艮》	子	乾		特記	

卯向←

山 1	遠秀之山, 主科甲, 出文人秀士.	山 5	少人丁· 損壯男, 山忌高壓.	山 3	損丁· 出賊盜小人· 兄欺弟.
水 6	長房冷退, 但出文秀之人.	水 1	不姙症·性病· 食物中毒.	水 8	八運 名利雙收, 少男發達.
山 2	癌症·產厄· 高血壓· 脾胃病.	山 9	【吉坐】 邅卦：3爻.上爻. 師卦：初爻.4爻.	山 ⑦	出文武人材· 賢妻助夫.
水 ⑦	旺財· 出貴, 宜遠水·靜水.	水 5		水 3	遭賊盜· 橫死· 肺腎之病.
山 6	長房艱於丁嗣(아들이 귀함)· 寒熱往來.	山 4	忌見紅色, 主火災, 久而乏嗣.	山 8	八運長 三房旺丁· 出賢良之人.
水 2	宜出不宜入, 否則旺財多病.	水 9	出才子·才女, 九運 旺財.	水 4	損小口· 嫂許叔(수사숙)· 肝膽病.

巽	午	坤		運坐	七運 酉坐卯向(替卦)
1 6	5 1	3 8			262.5–265.5　　274.5–277.5
六	二	四		四局	旺山旺向
2 ⑦	-9 -5	⑦ 3		地運	140年 (五運 入囚)
五	七	九		城門	正城門：艮 副城門：✗
6 2	4 9	8 4		特記	
一	三	八			
《艮》	子	乾			

卯向 ← （左側）
酉坐 （右側）

山 1	遠秀之山, 主科甲, 出聰秀之子.	山 5	少人丁· 損壯男, 流產· 不姙.	山 3	損丁·出賊盜· 同室操戈 (조과·싸움).
水 6	長房冷退, 但出文人秀士.	水 1	不育· 性病· 食物中毒.	水 8	八運 發財· 有名聲.
山 2	癌症·產厄· 高血壓· 脾胃病.	山 9	【吉坐】 遯卦：上爻. 咸卦：上爻.	山 ⑦	出文武人材. 紅色最忌, 防火災.
水 ⑦	旺財出貴, 利於武市· 女人相助.	水 5		水 3	遭賊盜· 凶死· 肺腎之病.
山 6	長房人口不旺. 寒熱往來· 迷信.	山 4	忌見紅色, 主火災, 久而乏嗣.	山 8	八運 長房 三房旺丁· 出在野賢人.
水 2	水明現朝來, 旺財· 多病.	水 9	出才子· 才女, 九運 旺財.	水 4	損小口· 兄嫂詐欺小叔· 肝膽病.

七運 辛坐乙向 (下卦)

巳	丁	申	運坐	七運 辛坐乙向 (下卦) 280.5 – 289.5
1 6 六	5 1 二	3 8 四	四局	旺山旺向
2 ⑦ 五	-9 -5 七	⑦ 3 九	地運	140年 (五運 入囚)
6 2 一	4 9 三	8 4 八	城門	正城門：寅 副城門：✕
《寅》	癸	亥	特記	

乙向 ← ，辛坐

山1	出文人秀士· 科甲連登.	山5	乏男丁·絶嗣· 不姙·溺死· 聾啞·低能.	山3	損丁·出賊盜· 兄詐欺弟· 手脚病痛.
水6	退財產, 但出文人秀士.	水1	不姙·性病· 聾啞·憂鬱症· 食物中毒·酒中毒.	水8	八運 少男發財· 名利雙收.
山2	癌症·産厄· 血症·胃腸病· 出寡婦.	山9	【吉坐】 旅卦：2爻.5爻.	山⑦	出文武全才· 賢妻助夫.
水⑦	旺財·出貴· 女人相助.	水5		水3	遭賊盜·橫死· 肺腎之病· 脚病.
山6	長房人丁冷退· 寒熱往來· 迷信.	山4	肝炎·神經痛· 貧血· 久而乏嗣.	山8	八運 添丁· 出在野之賢人.
水2	宜暗水, 忌明水·大水, 主多病.	水9	出才子·才女, 善良之人, 九運 發財.	水4	損小口· 風濕關節症· 肝膽病.

巳	丁	申		運坐	七運 辛坐乙向（替卦） 277.5–280.5　289.5–292.5
1　6 六	5　1 二	3　8 四		四局	旺山旺向
2　⑦ 五	-9　-5 七	⑦　3 九	辛坐	地運	140年（五運 入囚）
6　2 一	4　9 三	8　4 八		城門	正城門：艮 副城門：✗
《寅》	癸	亥		特記	

乙向 ←

山1	出文人秀士・科甲連登.	山5	乏男丁・絕嗣・不姙・尿毒・性病・溺死・聾啞・低能.	山3	損丁・出賊盜小人・兄弟不和・手脚病痛.
水6	退財產,但出文人秀士.	水1	不姙・流產・聾啞・食物中毒・酒中毒・憂鬱症.	水8	八運 少男發達・旺田產土地.
山2	癌症・產厄・血症・胃腸病・出寡婦.	山9	【吉坐】 咸卦：3爻.	山⑦	出文武全才・賢妻助夫.
水⑦	旺財・出貴,武市發財・女人相助.	水5		水3	男盜女娼・橫禍飛災・肢體傷殘.
山6	寒熱往來.鬼神崇尙・貪鄙(탐비).	山4	肝炎・神經痛・貧血・久而乏嗣.	山8	八運 添丁・出在野之賢人.
水2	寒熱往來.鬼神崇尙・貪小失大.	水9	出才子・才女,善良之人・九運 發財.	水4	損小口・風濕關節症・癱瘓(탄탄)・肝膽病.

七運 戌坐辰向(下卦)

辰向	《丙》	未
甲	9 ⑦ 六 / 4 2 二 / 2 9 四	庚
	1 8 五 / -8 -6 七 / 6 4 九	
丑	5 3 一 / 3 1 三 / ⑦ 5 八	戌坐
	壬	

運坐	七運 戌坐辰向(下卦) 295.5 – 304.5
四局	旺山旺向
地運	160年(六運 入囚)
城門	正城門：丙 副城門：×
特記	

山9	破財·好酒色·火災·血症, 宜遠山.	山4	剋老婦人. 不宜見池塘·大水. 山硬直姑婦不和.	山2	出寡婦·火災·目疾·難産·心病.
水⑦	發財, 出律師·法官·美女·名醫.	水2	見池湖大水·剋老婦人. 宜暗水.	水9	生氣方, 宜暗水來朝.
山1	宜遠峰列秀, 出文人秀士·賢才.	山8	【吉坐】 蹇卦：初爻.2爻. 4爻.5爻.	山6	剋妻·肺病·骨病·官司·窒息.
水8	發財, 出儒雅之人·教育家.	水6		水4	肝病·肺氣腫·貪小失大·因色破財.
山5	有山, 犯伏吟, 八運 少人丁.	山3	長子放蕩·溺死·遭賊盜·蛇咬.	山⑦	旺丁, 出美女·律師·法官·評論家.
水3	水形彎曲如蹺足(교족), 出跛足之人.	水1	宜流遠水, 發福悠久.	水5	大凶·破産·橫死·性病·中毒·死刑.

辰向	《丙》	未
8 ⑦ 六	3 2 二	1 9 四
甲 9 8 五	-⑦-6 七	5 4 九 庚
4 3 一	2 1 三	6 5 八
丑	壬	戌坐

運坐	七運 戌坐辰向(替卦) 292.5-295.5　304.5-307.5
四局	山星:中宮(入囚) 向星:辰(旺向)
地運	160年(六運 入囚)
城門	正城門:丙 副城門:✗
特記	山星 入囚

山8	才子佳人·行善積德·文武功名.	山3	出賊盗·流氓(유맹)·逆子·官訟刑殺.	山1	多生女兒,富貴極品·福澤連長.
水⑦	速發速成,出預言家·特異能力者.	水2	好飲好賭·敗盡家產·剋老母.	水9	宜長流細水,九運 添丁發財.
山9	九運 旺丁·出貴,結婚重來·位列朝班.	山⑦	〈交劍殺〉家庭不和·官災口舌	山5	少人丁·瘟瘟·乳癰·風癲·肺癆(폐록).
水8	富貴榮華,八運 大發.	水6	【吉坐】艮卦:3爻.上爻.	水4	肝膽病·窒息死·乳癰·敗盡家產.
山4	出人庸儒反覆(출인용나반복)·肝膽病·腳病.	山2	腹病水腫·聾啞·胃腸出血·婦人病.	山6	老人癡呆·肺癌·骨癌·中風·官司.
水3	聲色犬馬敗家·漂泊·出賊丐(적면).	水1	宜長流水,發福悠久.	水5	橫禍·橫死·破產·自食惡果.

七運 乾坐巽向(下卦)

巽向	午		坤
⑦5 六	31 二	53 四	
64 五 〈卯〉	+8+6 七	18 九	酉
29 一	42 三	9⑦ 八	
艮	子	乾坐	

運坐	七運 乾坐巽向(下卦) 310.5 – 319.5
四局	上山下水
地運	160年 (六運 入囚)
城門	正城門：✕ 副城門：卯
特記	連珠三盤卦

山⑦	出語文專家 · 名嘴 · 美女 · 法官 · 評論家.	山3	遭盜賊(조도적) · 出遊蕩子弟 · 溺死(익사).	山5	山大逼壓(핍압), 少人丁 · 怪病 · 癌症.
水5	性病 · 中毒 · 死刑 · 癌症 · 破産橫死.	水1	添丁 · 發財 · 陽宅宜門路.	水3	損丁耗財 · 蛇咬 · 槍殺(창살) · 橫死(횡사).
山6	剋妻 · 頭風 · 喘息 · 肝膽病 · 窒息(질식).	山8		山1	宜遠秀, 高塞則出 耳聾(이롱) · 重聽之人.
水4	水形如繩索(승색:밧줄), 自縊, 勒死 · 肝膽病.	水6	【吉坐】 否卦：3爻. 上爻.	水8	添丁 · 發財 · 陽宅宜門路(대문으로 가는 길).
山2	目疾 · 心病 · 胃腸病 · 婦人病.	山4	忌山岡硬直, 婦欺姑 · 肌肉拉傷(기육랍상).	山9	火災 · 血症 · 因色情惹禍(야화) · 同室操戈.
水9	出陶藝家(도예가) · 學者 · 名聞天下.	水2	損丁耗財, 貪小失大 · 家業抛棄(가업포기).	水⑦	出美女 · 法官 · 律師 · 名醫 · 造曆家(조력가).

巽向	午	坤		運坐	七運 乾坐巽向 (替卦) 307.5-310.5 319.5-322.5
6 5　六	**2 1**　二	**4 3**　四		四局	山星：中宮(入囚) / 向星：乾(上山)
5 4　五	**+7 +6**　七	**9 8**　九	酉	地運	160年 (六運 入囚)
〈卯〉				城門	正城門：x / 副城門：卯
1 9　一	**3 2**　三	**8 ⑦**　八	乾坐	特記	七運 丁星 入囚
丑	子				

山6	老人痴呆(치매)・橫死・肺病・骨病・中風.	山2	聾啞(농아)・水臌(수고)・婦女病・胃腸出血.	山4	出人怕事(파사:일기피)・反復無常・肝膽病・脚病.
水5	因果應報・橫死・橫禍・破産.	水1	宜遠水流長, 發福悠久 (발복유구).	水3	聲色犬馬(노래.여자.애견.승마)・波流・賊丐.
山5	流行性傳染病・肝膽病・乳癰(유옹:악창)・中風.	山⑦		山9	位列朝班, 子孫蕃衍(번연:번성)・家業富盛.
水4	肝膽病・乳癰・敗盡家産.	水6		水8	大富且貴・結婚重重, 八運 大發.
山1	喜産多男, 富貴極品, 福澤綿長 (복택면장).	山3	出盜賊・流氓(떠돌이)・逆子弑母・官訟刑殺.	山8	出才子佳人・行善佈施・文武功名.
水9	宜遠水流長, 九運 添丁發財.	水2	博弈(박혁:쌍육바둑)好飮, 廢盡田園, 剋老母.	水⑦	速發速敗・出特異功能者・預言家(예언가).

七運 亥坐巳向(下卦)

巳向	丁	申		運坐	七運 亥坐巳向(下卦) 325.5 - 334.5

<table>
<tr><td colspan="3">
<table>
<tr><td>⑦ 5
六</td><td>3 1
二</td><td>5 3
四</td></tr>
<tr><td>6 4
五</td><td>+8 +6
七</td><td>1 8
九</td></tr>
<tr><td>2 9
一</td><td>4 2
三</td><td>9 ⑦
八</td></tr>
</table>
</td></tr>
</table>

左：乙　右：辛

巳向	丁	申
乙		辛
寅	癸	亥坐

運坐	七運 亥坐巳向(下卦) 325.5 - 334.5
四局	上山下水
地運	160年(六運 入囚)
城門	正城門：✕　副城門：乙
特記	連珠三盤卦

山 ⑦	出語文專家・美女・通靈人・評論家.	山 3	遭盜賊・出遊蕩子弟・溺死(익사).	山 5	山大而逼壓(핍압), 少人丁・怪病・癌症.
水 5	服毒・吸毒・販毒・密輸・破産・橫死.	水 1	添丁・出文武全才・發明家.	水 3	蛇咬・槍殺(정면으로 마주치는 길)・雷殛・路死.
山 6	剋妻・頭風・喘息・肝膽病・窒息(질식).	山 8	【吉坐】晉卦：初爻.2爻. 4爻.5爻.	山 1	宜遠秀, 若高塞則出耳聾(이롱)重聽之人.
水 4	水形如繩索, 自縊(자액)・勒死(늑사)・肝膽病.	水 6		水 8	發財, 出儒雅(유아)之人・名教育家.
山 2	眼瞖(안예:백내장)・心蒙・子宮病症・脾胃病.	山 4	山岡硬直, 婦詐欺姑・筋肉拉傷(근육랍상).	山 9	出名律師・軍火專家・美女・方塊作家.
水 9	出陶藝家(도예가)・學者・名聞天下.	水 2	脾胃病・因貪失財家業抛棄(가업포기).	水 ⑦	出美女・律師・造曆家・名嘴發財.

巳向	丁	申
8 5 六	4 1 二	6 3 四
〈乙〉 [7] 4 五	+9 +6 [七]	2 8 九 辛
3 9 一	5 2 三	1 [7] 八 亥坐
寅	癸	亥

運坐	七運 亥坐巳向(替卦) 322.5~325.5　334.5~337.5
四局	山星：乙 向星：亥(上山)
地運	160年(六運 入囚)
城門	正城門：x 副城門：乙
特記	

山 8	出神童· 聖賢仙佛· 孝子·善人.	山 4	有秀山配秀水, 出文貴.	山 6	長房退丁口, 頭痛·官司.
水 5	有水無山, 退財· 剋妻·乏子.	水 1	有秀水配秀峰, 出文貴.	水 3	頭痛·車禍· 遭劫盜· 刀兵(전쟁).
山 [7]	秀房旺丁, 出人溫文秀麗.	山 9		山 2	出愚丁(우정)· 多病·癌症.
水 4	女人損傷· 肝膽病·破財.	水 6		水 8	進橫財, 田連阡陌 (천맥:논밭).
山 3	出暴徒強樑(강량: 도둑), 爲人刻薄(각박).	山 5	少人丁· 多病· 出鰥寡.	山 1	有山無水, 貪花戀酒(탐화연주: 여자, 술)·聾啞.
水 9	九運 旺財, 出聰明奇人.	水 2	疾病· 損人· 出鰥寡.	水 [7]	水聚於後, 當元發財.

8윤 애성반

辰	丙向 ↑	〈未〉	運坐	八運 壬坐丙向(下卦) 340.5 – 349.5
5 2 七	9 7 三	7 9 五	四局	雙星會坐(向星上山)
甲 6 1 六	-4 +3 八	2 5 一 庚	地運	80年(三運 入囚)
3 4 二	8 8 四	3 4 九	城門	正城門：✕ 副城門：未方
丑	壬坐	戌	特記	

山 5	吸毒(흡독)· 癌腫·出鰥寡· 長婦不利.	山 9	出美女· 軍事人才· 律師(변호사).	山 7	性病·火災· 服毒·灼傷(작상: 화상)·燙傷.
水 2	鰥寡(환과：홀아비, 과부), 疾病損人, 癌腫.	水 7	火災·服毒·好色· 性病, 食道癌· 灼傷·燙傷.	水 9	九運 發財, 宜小水·暗水.
山 6	9~三運 腦出血· 肺病. 要水外之峰.	山 4		山 2	疾病纏綿(전면)· 出鰥寡·癌腫.
水 1	出科甲·文章.	水 3		水 5	服毒·癌腫· 出鰥寡· 少女不利.
山 1	宜文筆峰, 出貴, 生文人秀士.	山 8	出善良之賢才, 兄弟同發	山 3	肝膽病. 出賊盜·脚病.
水 6	九~三運肺病· 腦出血.	水 8	發財, 不動産· 山産大利.	水 4	肝膽病· 出乞丐(걸면：거지)· 蕩子·不明事理.

八運 壬坐丙向（替卦）

辰	丙向 ↑	〈未〉	運坐	八運 壬坐丙向（替卦） 337.5-340.5　349.5-352.5
7 9 **七**	2 5 **三**	9 7 **五**	四局	山星：甲 向星：甲
⑧ ⑧ **六**	-6 +1 **八**	4 3 **一**	地運	40年（一運入囚）
3 4 **二**	1 6 **四**	5 2 **九**	城門	正城門：x 副城門：〈未方〉
丑	壬坐	戌	特記	

甲（左）　庚（右）

山 7	性病・男盜女娼・火災・血症・乏嗣.	山 2	癌腫・出鰥寡孤獨, 疾病淹久(엄子).	山 9	九運 出律師・美女・軍事家.
水 9	發財, 秀水, 出美女.	水 5	絕嗣・敗絕・破產・腫毒・橫禍.	水 7	男盜女娼・損丁・火災・殘疾.
山 ⑧	出賢才・高僧・在野之賢人.	山 6		山 4	肝膽病・股病・神經痛・出人不明事理.
水 ⑧	當元發財・不動產・山產大利.	水 1		水 3	出盜賊・昧事不明反覆無常之人.
山 3	暗探山, 出盜賊;腳病・肝膽病.	山 1	宜文筆山, 科甲貴顯.	山 5	疾病損人, 出鰥寡・絕嗣.
水 4	腳病, 出賊盜・作事反覆無常之人.	水 6	長房退財, 但出文人秀士.	水 2	絕嗣・破產・疾病纏綿・鰥寡孤獨.

尋龍點穴

八運 子坐午向(下卦)

《巽》	午向 ↑	坤
3 4 七	★8 8 三	1 6 五
★2 5 六	+4 -3 八	6 1 一
7 9 二	9 7 四	★5 2 九
艮	子坐	乾

卯（左）／西（右）

運坐	八運 子坐午向(下卦) 355.5 – 004.5
四局	雙星會向(山星下水)
地運	160年(七運 入囚)
城門	正城門：《巽方》 副城門：✕
特記	★七星打劫(離·乾·震)

山3	出賊盜· 昧事不明之人· 肝膽病.	山8	明山秀水, 文才忠孝· 富貴壽考(수고:장수).	山1	宜文筆峰· 出科甲, 功名不絶.
水4	✕顚倒反覆· 肝膽病· 放浪飄蕩.	水8	秀水秀案, 文才忠孝· 富貴壽考.	水6	宜遠水, 催貴.
山2	疾病·迷信· 暗悶·災晦· 瘡癧·鰥寡.	山4		山6	宜遠峰呈秀, 催貴. (呈:드러날 정).
水5	販毒·破産· 疾病損主· 鰥寡孤獨.	水3		水1	宜秀水圓亮, 催貴, 勤儉興家.
山7	火災·血症· 腸炎,剋女童· 小女.	山9	出美女·法官· 辯護士· 評論家·名儒.	山5	瘡疽(창저:악성종기) 腫毒·橫禍怪事· 鰥寡孤獨.
水9	發財,但乏嗣. 忌大水湍急沖激.	水7	火災·血症· 腸炎·殘疾, 剋女童·小女.	水2	久病暗悶· 鰥寡孤獨· 家破人亡.

八運 子坐午向(替卦)

《巽》	午向 ↑	坤
5 3 七	1 7 三	3 5 五
4 4 六 （卯）	+6 -2 八	⑧ 9 一 （酉）
9 ⑧ 二	2 6 四	7 1 九 ⑥
艮	子坐	乾

運坐	八運 子坐午向(替卦) 352.5-355.5　004.5-007.5
四局	山星：酉　向星：艮
地運	60年(三運 入囚)
城門	正城門：《巽方》　副城門：✗
特記	向星合十

山5	肝癌·膽石症·腿病(퇴병)·脚病·乏丁·絕嗣.	山1	山峰端秀, 出儒雅·溫文·秀麗之人.	山3	出賊盜强樑·肝膽病·脚病·殘廢橫死.		
水3	劫盜·蛇咬·觸電·電擊·炸死·槍決.	水7	酒色破家·逃亡·家業凌替(능체).	水5	販毒·密輪·摔死(솔사:落死)·炸死·毒死·槍決.		
山4	肝膽病·股病·乳病·窒息·出浪蕩之人.	山6		山⑧	子孫繁衍(번연:번창), 職位崇顯, 文才忠孝.		
水4	肝膽病·窒息·股病·紅杏出牆(홍행출장)·破敗.	水2		水9	發財, 中男·女人發橫財, 門庭光顯.		
山9	婚喜重來·子孫繁衍, 富貴壽考.	山2	寒熱往來·鬼神不安·田產官司.	山7	酒色荒唐·跛·跂(묘:애꾸눈)·缺脣·肺病·喉症.		
水⑧	田園富盛, 富貴壽考.	水6	寒熱往來·鬼神不安·金錢官司.	水1	勤儉創業興家·醫卜大利.		

八運 癸坐丁向(下卦)

《巳》				申	
3 4	★8 ⑧	1 6		運坐	八運 癸坐丁向(下卦) 010.5 − 019.5
七	三	五			
乙			辛	四局	雙星會向(山星下水)
★2 5	+4 -3	6 1		地運	160年 (七運 入囚)
六	八	一			
7 9	9 7	★5 2		城門	正城門:《巳方》 副城門:✕
二	四	九			
寅	癸坐	亥		特記	★七星打劫(離・震・乾)

山 3	出賊盜・ 俳優(배우)・ 肝膽病・脚氣病.	山 8	文秀忠孝, 富貴壽考, 兄弟同科.	山 1	添丁出貴・ 參謀・ 文豪・秀士.
水 4	出乞丐・娼妓・ 肝膽病・ 浪蕩破家.	水 ⑧	文秀忠孝, 富貴壽考, 兄弟齊發.	水 6	有文名・ 貴人相助・ 退「歡喜財」.
山 2	鰥寡孤獨・ 疾病死喪・ 暗悶抑鬱(암민억울).	山 4		山 6	宜遠峰呈秀, 添丁, 出貴.
水 5	販毒密輪・ 破產凶死・怪病・ 腫毒(종독).	水 3		水 1	勤儉創業・ 貴人提拔・ 富而不俗.
山 7	陰神滿地, 淫亂・乏嗣・ 血症・火災.	山 9	出佳麗美人・ 法官・辯護士・ 軍事家.	山 5	乏丁・ 鰥寡孤獨・ 災晦怪異・橫死.
水 9	發財, 工商百業咸吉. 宜小水・暗水.	水 7	火災・血症・ 色癆・性病・ 毀容・傷殘.	水 2	火災・疾病・ 暗悶・瘡癰腫瘤 (창용종류)・死喪.

八運 癸坐丁向（替卦）

	巳	丁向 ↑		申
	5 3 七	1 7 三	3 5 五	
乙	4 4 六	+6 -2 八	8 9 一	辛
	9 8 二	2 6 四	7 1 九	
寅		癸坐		亥

運坐	八運 癸坐丁向（替卦） 007.5-010.5　019.5-022.5
四局	山星：辛 向星：寅
地運	60年(三運 入囚)
城門	正城門：《巳方》 副城門：✗
特記	向星合十

山 5	乏丁・絶嗣・肝膽病・股病・賊盜・橫死.	山 1	宜文筆峰・出秀麗溫文儒雅之人	山 3	肝膽病・脚瘡潰爛(궤란)・出賊盜强樑・凶死.
水 3	劫盜・蛇咬・觸電・雷擊・炸死・槍決.	水 7	貪花戀酒・逃亡・殘疾(잔질)・官訟是非.	水 5	販毒・密輸・摔死(솔사)・毒死・槍決・橫禍.
山 4	肝膽病・股病・乳病・出浪蕩之人.	山 6		山 8	位列朝班・子孫蕃盛・文才忠孝.
水 4	肝膽病・窒息・股病・紅杏出牆・破敗.	水 2		水 9	中男・中女發財・名庭光顯.
山 9	子孫繁盛・富貴壽考.	山 2	鬼神崇尙・人心不足・寒熱往來	山 7	貪花戀酒・跛(파:절름발이)・跚・缺脣・肺病・喉症.
水 8	田園富盛,少男發達・富貴壽考.	水 6	鬼神崇尙・人心不足・寒熱往來・不治病・迷信・官司.	水 1	勤儉創業興家,漁業・仲介業大利.

八運 丑坐未向(下卦)

辰　　　　丙　　　　未向			運坐	八運 **丑坐未向**(下卦) 025.5 – 034.5
3 6 七	7 1 三	5 ⑧ 五	四局	旺山旺向
4 7 六	-2 -5 八	9 3 一	地運	120年 (五運 入囚)
⑧ 2 二	6 9 四	1 4 九	城門	正城門 : ✕ 副城門 : ✕
丑坐　　　壬　　　　戌			特記	山星合十

（甲 — 左, 庚 — 右）

山 3	肝膽病・脚病・傷殘人命官司・凶死.	山 7	出酒色之徒・腎病・肺病・聾啞(농아)・姦殺.	山 5	乏男丁・絶嗣・惡報・瘡毒癌症・脊椎病.
水 6	頭痛・腦震蕩(뇌진탕)・刀傷・官訟退財.	水 1	勤儉創業興家・人品儒雅優秀.	水 ⑧	進田産・家業興隆・善有善報.
山 4	文章不顯・肝膽病・瞽目殘疾(고목잔질)・神經痛.	山 2		山 9	出聰明之奇士, 富貴有聲.
水 7	刀傷・肺病・勒死分屍・瘋狂・産癆(산로).	水 5		水 3	目疾・足病・肝炎・車禍・空難・火災.
山 ⑧	旺人丁・積德善行, 出高僧・聖賢.	山 6	血症・肺病・腦炎・腦出血, 逆子・逆媳(식:며느리).	山 1	宜文筆峰, 人丁・科名鼎盛.
水 2	出僧尼・精神病・腹病・狗咬(구교)・退家産.	水 9	貴客而有長壽・工商百業發財.	水 4	宜暗水, 大水主淫蕩・漂泊(표박:떠돌이)・失敗.

辰	丙	未向 ↗	運坐	八運 丑坐未向 (替卦) 022.5–025.5 034.5–037.5

<table>
<tr><td>辰</td><td>丙</td><td>未向 ↗</td></tr>
<tr><td colspan="3">
3 6　7 1 5　5 ⑧
七　三　五
4 7　-2 -5　9 3
六　八　一
⑧ 2　6 9　1 4
二　四　九
</td></tr>
<tr><td>丑坐</td><td>壬</td><td>戌</td></tr>
</table>

運坐	八運 丑坐未向 (替卦) 022.5–025.5　034.5–037.5
四局	旺山旺向
地運	120年 (五運 入囚)
城門	正城門：x　副城門：x
特記	山星合十

山3	肝膽病・脚病・父子成仇(仇:원수 구)・劫盗・官災.	山7	刀傷・不和・肺病・骨病・淫亂.	山5	筋骨傷殘・乏男丁・絶嗣・出僧尼.
水6	頭痛・腦震蕩・窒息・色情惹禍(색정야화).	水1	發財・福澤悠久.	水⑧	宜遠水, 否則發財而多病・暗悶(암민).
山4	婦女當家, 久而乏嗣.	山2		山9	出聰明之奇才・文人・法官.
水7	男盗女娼・劫盗・官災・刀傷・吐血.	水5		水3	男盗女娼・劫盗・官災・刀傷・吐血(토혈)・暴力.
山⑧	宜遠山, 忌逼塞(핍색), 主黃腫・痴呆(치매).	山6	血症・肺病, 出逆子・乏嗣(핍사)・淫亂(음질).	山1	多生男丁・出文人秀士・發科甲功名.
水2	出僧尼(출승니)・田産土地發財, 多病.	水9	發財, 福澤悠久 (복택유구).	水4	忌近水, 主官司・破財・身敗名裂(裂:찢을 렬)

八運 艮坐坤向(下卦)

巽	〈午〉	坤向		運坐	八運 **艮坐坤向**(下卦) 040.5 - 049.5
1 4 七	**6 9** 三	**⑧ 2** 五		四局	上山下水·伏吟
9 3 六	**+2 +5** 八	**4 7** 一	《酉》	地運	120年(五運 入囚)
5 ⑧ 二	**7 1** 四	**3 6** 九		城門	正城門:《酉方》 副城門:〈午方〉
艮坐	子	戌		特記	父母三盤卦

卯

山 1	宜文筆峰, 出科甲魁元(괴원)· 文人秀士.	山 6	血症·肺病· 腦炎·腦出血· 出逆子·逆婦.	山 ⑧	添丁, 積德行善, 出聖賢·高僧.
水 4	宜遠水呈秀, 文人秀士. 忌近大之水.	水 9	貴客而長壽· 商工百業發財.	水 2	疾病淹久· 出僧尼·精神異常 ·狗咬(구교).
山 9	出聰明之奇士, 富貴福壽.	山 2		山 4	文章不顯· 肝膽病·瞽目· 殘疾·神經病.
水 3	目疾·足病· 肝炎·車禍· 空難·電傷.	水 5		水 7	癲疾瘋狂·刀傷· 喘嗽(천수:천식)· 勒死分屍·產厄.
山 5	乏男丁·絕嗣· 出僧尼·惡症· 脊椎病(척추병).	山 7	出酒色之徒· 腎病·肺癆· 聾啞·姦殺.	山 3	脚病·肝膽病· 肢體傷殘· 人命官司·凶死.
水 ⑧	發財· 進田產· 得善報.	水 1	勤儉興家, 出文雅之人· 名人秀士.	水 6	頭痛·腦震蕩· 刀傷·摔傷(솔상: 落傷)·破財.

八運 艮坐坤向（替卦）

巽	〈午〉	坤向
1 4 七	6 9 三	⑧ 2 五
9 3 六 卯	+2 +5 ⑧	4 7 一 《酉》
5 ⑧ 二 艮坐	7 1 四 子	3 6 九 乾

運坐	八運 艮坐坤向（替卦） 037.5-040.5　049.5-052.5
四局	上山下水
地運	120年（五運 入囚）
城門	正城門：《酉方》 副城門：〈午方〉
特記	父母三盤卦

山1	長房出逆子・次房出貴子.	山6	淫亂・乏嗣・血症・肺病・刀傷・交戰.	山⑧	添丁, 但有肢體畸形者(단유지체기형자).
水4	姦殺, 金錢・色情紛糾(분규)・退財產.	水9	勤儉興家, 工商百業發財.	水2	出僧尼・鰥寡孤獨・疾病暗悶.
山9	出聰明之奇才, 文風鼎盛.	山2		山4	婦女當家・好善禮佛・久而乏嗣.
水3	手脚傷殘(수각상잔)・男盜女娼・官訟是非.	水5		水7	劫盜官災・疾病傷殘・男盜女娼(남도여창).
山5	乏男丁・絶嗣・出僧尼・筋骨病痛(근골병통).	山7	酒色淫亂・劫掠(겁략)殺傷・爭訟交戰.	山3	長房出逆子・次房出貴子.
水⑧	進田產土地・巨富.	水1	勤儉興家, 工商百業發財.	水6	姦殺, 金錢・色情糾紛(색정규분)・中風.

八運 寅坐申向(下卦)

巳	〈丁〉	申 向 ↗
1 4 **七**	6 9 **三**	⑧ 2 **五**
9 3 **六**	+2 +5 **八**	4 7 **一**
5 ⑧ **二**	7 1 **四**	3 6 **九**
寅 坐	癸	亥

（左 乙 ／ 右 《辛》）

運坐	八運 寅坐申向(下卦) 055.5 - 064.5
四局	上山下水·伏吟
地運	120年 (五運 入囚)
城門	正城門:《辛方》 副城門:〈丁方〉
特記	父母三盤卦

山1	宜文筆峰, 出科甲壯元· 文人秀士.	山6	長房血症·肺病咳喘(해천:기침병)· 腦炎·腦出血.	山⑧	添丁, 積德行善, 出聖賢·高僧.
水4	宜遠水呈秀, 出文人秀士. 忌近大·大水.	水9	貴客而長壽· 商工百業發財.	水2	疾病淹久· 出僧尼·精神異常 ·狗咬(구교).
山9	出聰明之奇才, 富貴福壽· 榮宗耀祖(영종요조).	山2		山4	文章不顯· 肝膽病·瞽目· 殘疾·神經病.
水3	目疾·足病· 肝炎·車禍· 炸傷(작상)·電傷.	水5		水7	癲疾瘋狂·刀傷· 喘嗽·勒死分屍· 產厄.
山5	乏男丁·絶嗣· 出僧尼·惡症· 脊椎病(척추병).	山7	貪花戀酒· 腎病·肺癆· 聾啞·姦殺.	山3	脚病·肝膽病· 肢體傷殘· 人命官司·凶死.
水⑧	發財·進田產· 得善報.	水1	勤儉興家, 出文人秀士· 溫雅之人.	水6	頭痛·腦震盪· 刀傷·摔傷(솔상: 落傷)·破財.

		申向		運坐	八運 寅坐申向(替卦)
巳	〈丁〉				052.5–055.5 064.5–067.5

9 4	5 9	7 2	↗
七	三	五	
⑧ 3	+1 +5	3 7	《辛》
六	八	一	
4 ⑧	6 1	2 6	
二	四	九	

乙

運坐	八運 寅坐申向(替卦) 052.5–055.5 064.5–067.5
四局	山星:乙 向星:寅(上山)
地運	120年(五運 入囚)
城門	正城門:《辛方》 副城門:〈丁方〉
特記	

寅坐　　　　　癸　　　　　亥

山9	添丁・仁義之家・婦女當權・久而乏嗣.	山5	目疾・心疼(심동)・火傷・炸傷・橫死・絶嗣.	山7	吐血・落胎・難產・夭折・橫禍・淫亂・乏嗣.
水4	乳腺炎・目疾・肝病・火傷・淫奔(음분)・勒死.	水9	宜小水・暗水,忌大水浩蕩.	水2	胃腸病・肺病・難產・吐血・火災・暗悶.
山⑧	添丁・出文才・壯元,兄弟同科.	山1		山3	男盜女娼・不仁不義・病痛・官司.
水3	損幼丁・肢體殘廢・墮死・兄弟鬩牆(혁장:내분).	水5		水7	家室分離・剛毅生炎(강의생재)・劫盜官非.
山4	懷才不遇・風濕關節症・虎咥・蛇咬.	山6	出文人秀士,才藝聰明.	山2	寒熱往來・祖靈不安・脾胃病・青孀寡婦(청상과부)
水⑧	宜金帶水抱穴,發財・進田產.	水1	勤儉創業,貴人相助,富貴悠遠.	水6	剋妻・孤獨・迷信破財・官司・傷寒.

八運 甲坐庚向(下卦)

辰	丙	《未》		運坐	八運 甲坐庚向(下卦) 070.5 - 079.5
7 9 七	2 5 三	9 7 五		四局	雙星會坐(向星上山)
甲坐 ⑧⑧ 六	-6 +1 八	4 3 一	→ 庚向	地運	40年(一運 入囚)
3 4 二	1 6 四	5 2 九		城門	正城門：《未方》 副城門：✗
丑	壬	戌		特記	

山7	盜賊橫禍·火災·毒害·淫亂·姦亂.	山2	疾病損主·產難·刑耗(형모)·腹疾·惡瘡.	山9	出美女·辯護士·法官·評論家·軍火專家.
水9	宜小水·暗水(안 보이는 물), 積富, 女人興家.	水5	昏迷·痴呆·官訟·淫亂·癰腫瘡疽(옹종창저)	水7	性病·火災·服毒·吸毒·吸食毒品·姦殺.
山⑧	文才忠孝, 富貴壽考, 積善之家.	山6		山4	挽籃山(만람산), 出乞丐. 掀裙舞袖, 出娼妓.
水⑧	富貴壽考·父子齊發.	水1		水3	肝膽病·脚病·出俳優·盜賊·劣子.
山3	探頭山, 出盜賊. 反覆無常, 肝膽病·脚病.	山1	出聰明之子, 少年及第, 名播四海(명파사해).	山5	乏丁·絕嗣. 忌大山·巨石·古樹·神廟.
水4	肝膽病·股病·淫蕩·聲色犬馬·漂浪.	水6	出文人秀士, 退歡喜財.	水2	疾病損主, 胃病·胰臟病(이장병)·暗悶災晦.

八運 甲坐庚向（替卦）

辰　　丙　　《未》	運坐	八運 甲坐庚向（替卦） 067.5-070.5　079.5-082.5
7 1　2 6　9 ⑧ 七　　三　　五 ⑧ 9　-6 +2　4 4　→ 甲坐 六　　八　　一　庚向 3 5　1 7　5 3 二　　四　　九 丑　　壬　　戌	四局	山星：甲 (旺山) 向星：未
	地運	60年 (三運 入囚)
	城門	正城門：《未方》 副城門：✗
	特記	

山7	貪花戀酒・吐血・落胎・肢體傷殘(지체상잔).	山2	寒熱往來・鬼邪崇尙・青孀寡婦・災病.	山9	富貴壽考・公正賢良, 名聞朝野.
水1	勤儉創業, 廉能多智.	水6	寒熱往來・鬼神不安・迷信退財.	水⑧	田園富盛, 商工百業發財.
山⑧	子孫蕃衍, 富貴壽考, 職位崇顯.	山6		山4	哮喘(효천)・肝病・浪蕩・勒死, 出娼妓・淫婦.
水9	巨富敵國, 田園富盛, 富貴壽考.	水2		水4	漂流絕滅・淫奔・風癱(풍탄)・窒息(질색).
山3	肝膽病・腳病・蛇咬・路死, 出賊盜強樑.	山1	出溫文・儒雅・秀麗之人, 文武全才.	山5	乏丁・絕嗣・痴呆・腫毒・淫亂・凶死.
水5	癡呆(치매)・腫毒・癲藥密輪・橫禍凶死.	水7	貪花戀酒・逃亡奔波・色情紛糾.	水3	肝膽病・腳病・蛇咬・雷打・劫盜・凶死.

尋龍點穴

八運 卯坐酉向(下卦)

巽	午		坤
★5 2 七	1 6 三	3 4 五	
卯坐 4 3 六	+6 -1 八	★8 ⑧ 一	→ **酉向**
9 7 二	★2 5 四	7 9 九	
艮	子		〈乾〉

運坐	八運 卯坐酉向(下卦) 085.5 – 094.5
四局	雙星會向(山星下水)
地運	80年(三運 入囚)
城門	正城門：× 副城門：〈乾方〉
特記	★七星打劫(坎·巽·兌)

山 5	乏丁·絶嗣· 腫毒怪病· 鰥寡·橫禍.	山 1	宜文筆峰, 出文秀·榜首· 才藝·聰明.	山 3	肝膽病· 脚病· 出賊盗·浪蕩子.
水 2	癌症腫瘤· 災晦怪異· 鰥寡孤獨.	水 6	秀水秀峰, 添丁·出貴.	水 4	肝膽病·神經病· 少成多敗· 飄蕩(표탕).
山 4	肝膽病·自縊· 勒死·反覆無常.	山 6		山 ⑧	旺丁, 出孝義忠良, 兄弟同科.
水 3	肝膽病·脚病· 少成多敗· 漂泊不定(표박부정).	水 1		水 ⑧	進益田産· 善有善報.
山 9	出佳麗美女· 辯護士· 軍火專家·法官.	山 2	癌症腫瘤(종류)· 災晦怪異· 鰥寡孤獨.	山 7	火災·肺炎· 腸炎·血症· 婦女不睦(불목).
水 7	色癆·咳嗽· 痰火·血崩· 胎漏·損丁·乏嗣.	水 5	痲藥密輪· 癌症腫毒· 家破人亡.	水 9	宜暗水·小水, 積富.

八運 卯坐酉向（替卦）

巽　　　　午　　　　坤		
★5 2　七	1 6　三	3 4　五
4 3　六　（卯坐）	+6 -1　八	★8 8　一　→酉向
9 7　二	★2 5　四	7 9　九
艮　　　　子　　　　〈乾〉		

運坐	八運 卯坐酉向（替卦） 082.5－085.5　　094.5－097.5
四局	雙星會向
地運	80年（三運 入囚）
城門	正城門：✗ 副城門：〈乾方〉
特記	★七星打劫（坎・巽・兌）

山5	乏丁・絕嗣・ 腫毒怪病・ 鰥寡・橫禍.	山1	出文人秀士・ 科甲功名・ 才藝聰明.	山3	肝膽病・ 腳病・ 出賊盜・浪蕩子.
水2	癌症腫瘤・ 災晦怪異・ 鰥寡孤獨.	水6	秀水秀峰, 添丁・出貴.	水4	肝膽病・神經痛・ 少成多敗・ 飄蕩（뚱뚱）不安.
山4	肝膽病・自縊・ 勒死・ 反覆無常.	山6		山8	旺丁, 出孝義忠良, 兄弟同科.
水3	肝膽病・神經痛・ 腳病・少成多敗・ 漂泊不定.	水1		水8	進益田產・ 善有善報.
山9	出佳麗美女・ 辯護士・ 軍事家・法官.	山2	癌症腫瘤（종류）・ 災晦怪異・ 鰥寡孤獨.	山7	火災・肺炎・ 腸炎・血症・ 婦女不睦（불목）.
水7	色癆・咳嗽・ 痰火・血崩・ 胎漏・損丁・乏嗣.	水5	麻藥密輸・ 癌症腫毒・ 家破人亡.	水9	宜暗水・小水, 積富.

八運 乙坐辛向(下卦)

<table>
<tr><td colspan="3">巳　　　丁　　　申</td><td>運坐</td><td rowspan="2">八運 乙坐辛向(下卦)
100.5 – 109.5</td></tr>
<tr><td>★5 2
七</td><td>1 6
三</td><td>3 4
五</td></tr>
<tr><td rowspan="2">乙坐</td><td>4 3
六</td><td>+6 -1
八</td><td>★8 8
一</td><td>四局</td><td>雙星會向(山星下水)</td></tr>
<tr><td></td><td></td><td>辛
→向</td><td>地運</td><td>80年(三運 入囚)</td></tr>
<tr><td colspan="3">9 7
二　　★2 5
四　　7 9
九</td><td>城門</td><td>正城門：✕
副城門：〈亥方〉</td></tr>
<tr><td colspan="3">寅　　　癸　　　〈亥〉</td><td>特記</td><td>★七星打劫(坎·巽·兌)</td></tr>
</table>

山5	乏丁·絕嗣·腫毒·鰥寡孤獨.	山1	宜文筆峰,出文秀榜首(방수),才子佳人.	山3	肝膽病·脚病·出賊盜·浪蕩子.
水2	癌症腫瘤·災晦怪異·鰥寡孤獨.	水6	秀水秀峰,添丁出貴.	水4	肝膽病·神經痛·反覆·無成·漂泊.
山4	肝膽病·自縊·勒死·作事反覆無常.	山6		山8	旺丁,出孝義忠良,兄弟同科.
水3	肝膽病·神經痛·脚病·劫盜·官訟是非.	水1		水8	進田產·善有善報·兄弟齊發.
山9	出佳麗美女·辯護士·軍事家·法官.	山2	癌症腫瘤(암증종혹)·災晦怪異·鰥寡孤獨.	山7	火災·肺炎·腸炎·血症·婦女不睦(불목).
水7	火盜官災·血症·肺癆(혈증폐로)·損丁乏嗣.	水5	痲藥密輪·癌症腫毒·家破人亡.	水9	宜小水·暗水,九運 發財·積富.

八運 乙坐辛向(替卦)

	八運 乙坐辛向(替卦)
運坐	097.5–100.5　　109.5–112.5
四局	雙星會向
地運	80年(三運入囚)
城門	正城門:x 副城門:〈亥方〉
特記	★七星打劫(坎·巽·兌)

	巳　　丁　　申	
★5 2 七	1 6 三	3 4 五
乙坐　4 3 六	+6 -1 八	★⑧ ⑧ 一　→辛向
9 7 二	★2 5 四	7 9 九
	寅　　癸　　〈亥〉	

山5	辰山出寡,人丁不旺·絕嗣.	山1	出貴·科甲·榜首·才藝·聰明.	山3	肝膽病·脚病·出賊盜·浪蕩子.
水2	剋妻·敗癌財·癌症腫瘤·疾病死亡.	水6	秀水秀峰,主添丁·出貴,退「歡喜財」.	水4	肝膽病·神經痛·反覆·無成.
山4	肝膽病·自縊·作事反覆無常.	山6		山8	旺丁,出孝義忠良,兄弟同科.
水3	肝膽病·神經痛·脚病·劫盜·飄蕩.	水1		水8	旺財·進田產·善有善報.
山9	九運出旺丁,出美女·辯護士·軍事家.	山2	出寡·癌症腫瘤(종류:암,흑)·災晦怪異·孤獨.	山7	房房人丁不旺·旺女人·火災·血症.
水7	季房退財·火盜官災·損丁乏嗣.	水5	退瘋·財藥密輪·癌症腫毒·家破人亡.	水9	九運發財宜小水·暗拱水.

八運 辰坐戌向 (下卦)

辰坐	丙	未	運坐	八運 辰坐戌向 (下卦) 115.5 - 124.5
6 ⑧ 七	2 4 三	4 6 五		
5 7 六	+7 +9 八	9 2 一	四局	上山下水
1 3 二	3 5 四	⑧ 1 九	地運	20年 (九運 入囚) ✓
甲		庚	城門	正城門:《壬方》 副城門: ✗
丑	《壬》	戌向	特記	連珠三盤卦

山6	三房破財損妻・ 長房人丁冷退 (냉퇴:쓸쓸함)	山2	脾胃病・ 姑婦不和・ 陰晦暗悶(음회암민).	山4	男女不倫・筋骨疼 痛・自縊(縊:목맬 액) ・姦殺.
水⑧	三房發財・門庭光 顯(문정광현)・ 慈孝好善.	水4	婆媳不和・黃疸・ 膵臟炎・肝病・ 貪小利.	水6	姦淫・刀傷・ 產厄・自縊・絞頸 (교경)・貪財惹禍.
山5	乏丁・絕嗣・怪病・ 出殺手(:살인자)・ 凶死. 癌症.	山7		山9	旺人丁田產・ 加官晋爵(가관진작) ・名聞天下.
水7	肺病・喉症(후증)・ 殘廢・服毒・ 凶死. 退財.	水9		水2	目疾・心疼(심동)・ 腸炎・胃出血・ 膵臟炎.
山1	減刑・特別赦免(특 별사면)・生貴子・ 特別採用.	山3	蛇咬・槍決・ 肝癌・脚病・ 出賊盜匪徒.	山⑧	宜案山端秀(단수), 出文人秀士.
水3	動盡離散・膽病・ 脚氣病・溺水・ 落入陷穽.	水5	寒戶遭溫(:가난, 전염 병)・肝癌・車禍・ 家破人亡.	水1	三房絕嗣, 忌大水, 宜暗拱水.

八運 辰坐戌向（替卦）

辰坐	丙	未
⑧ 6 七	4 2 三	6 4 五
7 5 六	+9 +7 八	2 9 一
3 1 二	5 3 四	1 ⑧ 九

（甲 左・庚 右・丑 左下・《壬》 下・戌向 右下）

運坐	八運 辰坐戌向（替卦） 112.5-115.5　124.5-127.5
四局	旺山旺向
地運	160年（七運 入囚）
城門	正城門：《壬方》　副城門：✗
特記	連珠三盤卦

山8	文士參軍・異路功名・父慈子孝.	山4	婆媳不和(고식불화)・腹脹・黃疸(황달)・肝病.	山6	頭症・骨病・肺病・剋妻・中風.
水6	奢侈破家・選擧失敗・骨病.	水2	疾病淹久(엄구:오래감)・暗悶抑鬱・脾胃病.	水4	紅杏出牆・姦殺・窒息・喘咳(천해).
山7	傷殘・橫死・人丁冷退・官司是非.	山9		山2	出寡婦・愚頑之人・目疾・心疼・腸炎.
水5	吸食毒品・販毒・破產・橫死.	水7		水9	發財・進益田產・加官晋爵.
山3	長子遊蕩・溺水・出賊盜宵小(소소).	山5	乏丁・絕嗣・肝膽病・腫毒・家多怪異.	山1	出文人秀士・多生男丁.
水1	勤儉興家・專利發明致富.	水3	肝膽病・脚病・橫禍・路死.	水⑧	兄弟齊發(제발)・進田產土地.

八運 巽坐乾向（下卦）

巽坐		午			坤		運坐	八運 巽坐乾向（下卦） 130.5 – 139.5
	⑧ 1	3 5	1 3				四局	旺山旺向
	七	三	五				地運	20年（九運 入囚）✔
卯	9 2	-7 -9	5 7		〈酉〉		城門	正城門：✕ 副城門：〈酉方〉
	六	八	一				特記	
	4 6	2 4	6 ⑧					
	二	四	九					
艮		子			乾向			

山⑧	孝義忠良· 文才不絶.	山3	肝膽病·脚病. 蛇咬, 出賊盜· 逆子.	山1	生子·文武全才· 發明專利· 參謀.
水1	勤儉興家· 貴人相助· 殷憂啓聖（은우계성）.	水5	腫毒·車禍· 橫死·家破人亡.	水3	淹死（엄사）· 分屍·雷打· 肝膽病·脚病.
山9	旺丁·加官晉爵（가 관진작）·進益田産.	山7		山5	肺癌·口腔癌· 性病·乏丁· 絶嗣·橫禍·凶死.
水2	腸炎·胃出血· 眼病·産厄· 訴訟.	水9		水7	吸食毒品· 口腔癌·肺癌· 性病·姦殺.
山4	肝病·膽石症· 自縊·勒死· 股病·乳病.	山2	脾胃病· 多病暗悶·傷老母 ·乏男丁（핍남정）.	山6	發育不全· 精神異常·老化· 骨病·肺病.
水6	男女不倫（남녀불륜） ·官司· 色情惹禍·中風.	水4	姑婦不和· 人財兩失·股票破 財（고표:증권）.	水⑧	文人掌兵權· 異路功名· 一門光顯.

巽坐	午	坤		運坐	八運 巽坐乾向（替卦） 127.5–130.5　139.5–142.5
〔8〕1 七	3 5 三	1 3 五		四局	旺山旺向
9 2 六	-7 -9 八	5 7 一	〈酉〉	地運	20年（九運 入囚）✓
4 6 二	2 4 四	6 ⑧ 九		城門	正城門：✗ 副城門：〈酉方〉
艮	子	乾向		特記	

山 8	宜遠秀之山・ 添丁・ 出文武人才.	山 3	肝膽・脾胃病. 手腳之病・ 出橫暴之人.	山 1	宜遠秀之山, 書香不絕.
水 1	宜遠水, 勤儉創業, 出文人・善人.	水 5	投機失販・ 瘋藥密輸・ 家破人亡.	水 3	落入陷穽(낙입함정)・ 溺水・退財・ 官司・橫死.
山 9	乏嗣・目疾・ 心疼・ 婦女當家.	山 7		山 5	乏嗣・婦女當家・ 怪病腫毒・火災.
水 2	血症・火災・ 癌症・落胎・ 傷殘・損丁.	水 9		水 7	血症・肺癌・ 食道癌・口腔癌 (구강암)・損丁.
山 4	宜遠秀之山, 出文人秀士. 忌高逼.	山 2	脾胃病・肝膽病・ 姑婦不和・ 婦女哄鬧(홍료).	山 6	宜遠秀之山, 添丁,出文才.
水 6	頭痛・腦震蕩・ 跌傷(질상)・ 刀傷・官司.	水 4	投機 瘋藥密輸・ 橫禍・凶死.	水 8	宜遠水, 出文人秀士, 勤儉創業.

巳坐	丁	申			
	⑧ 1 　 3 5 　 1 3		運坐	八運 巳坐亥向(下卦) 145.5 - 154.5	
	七 　 三 　 五		四局	旺山旺向	
乙	9 2 　 -7 -9 　 5 7	〈辛〉	地運	20年(九運 入囚) ✔	
	六 　 八 　 一		城門	正城門 : ✗ 副城門 : 〈辛方〉	
	4 6 　 2 4 　 6 ⑧		特記		
	二 　 四 　 九 ↘				
寅	癸	亥向			

山 ⑧	孝義忠良, 積善之家 · 文才不絶.	山 3	肝膽病 · 脾胃病 · 肢體殘廢, 出賊盜.	山 1	生子 · 文武全才 · 發明專利 · 參謀.
水 1	勤儉興家 · 貴人相助 · 門庭光顯.	水 5	腫毒 · 車禍 · 槍決 · 橫禍 · 家破人亡.	水 3	淹死(엄사) · 分屍 · 雷打 · 肝膽病 · 放蕩.
山 9	旺丁 · 加官晉爵(가관진작) · 進田産土地.	山 7	癸方見尖峰, 訴訟. 見水路直硬, 子婦忤逆婆婆(과사: 시어머니).	山 5	肺癌 · 口腔癌 · 性病 · 腫毒 · 絶嗣 · 凶死.
水 2	腸炎 · 胃出血 · 眼病 · 産厄 · 訴訟.	水 9		水 7	吸食毒品 · 癌症 · 刀傷 · 性病 · 姦殺.
山 4	宜遠秀之山, 出文人秀士. 忌高逼(기고핍).	山 2	脾胃病 · 多病暗悶 · 傷老母 · 乏男丁(핍남정).	山 6	發育不全 · 精神異常 · 老化 · 骨病 · 肺病.
水 6	男女不倫(남녀불륜) · 官司 · 姦通破財 · 窒息.	水 4	姑婦不和 · 人財兩失 · 股票破財(고표:증권).	水 ⑧	文士參軍 · 異路功名 · 發財得官.

巳坐	丁		申		運坐	八運 巳坐亥向（替卦） 142.5-145.5　154.5-157.5
	8 1 七	3 5 三	1 3 五		四局	旺山旺向
乙	9 2 六	-7 -9 **八**	5 7 一	〈辛〉	地運	20年（九運 入囚）✓
	4 6 二	2 4 四	6 **8** 九		城門	正城門：✗ 副城門：〈辛方〉
寅	癸		亥向		特記	

山 **8**	孝義忠良· 孝子善人· 文才不絕.	山 3	惡瘡·刑耗· 肝膽病·脚病· 官司牢獄(뇌옥).	山 1	宜文筆峰, 出聰秀子女, 科甲功名.	
水 1	勤儉興家· 理財致富, 出文士·善人.	水 5	瘡疽癰癌(창저옹암) ·瘟瘴· 淫亂·破蕩.	水 3	頭病·中風· 刀傷·劫盜· 官災·破財.	
山 9	發女兒·外姓· 庶出,敗男子. 宜遠峰.	山 7		山 5	昏迷癡獃· 腫毒怪病· 火災·乏丁·絕嗣.	
水 2	吐血·落胎·難產· 夭折·性病· 火災·服毒.	水 9		水 7	吐血·落胎·難產· 夭折·性病· 火災·服毒.	
山 4	漂蕩·劫盜官災· 男蕩女淫·中風.	山 2	惡瘡·刑耗· 肝膽病·脾胃病· 腿脚病(퇴각병).	山 6	文士參軍· 異路功名· 孝義忠良.	
水 6	頭痛·中風· 刀傷·劫盜· 官災.	水 4	瘟瘴·臌脹(고창)· 風癱·淫亂· 破蕩.	水 **8**	勤儉興家· 理財致富· 出文士善人.	

八運 丙坐壬向（下卦）

<table>
<tr><td>辰</td><td colspan="3" align="center">丙坐</td><td>未</td><td>運坐</td><td colspan="2">八運 丙坐壬向（下卦）
160.5 - 169.5</td></tr>
<tr><td></td><td>★2 5
七</td><td>7 9
三</td><td>9 7
五</td><td></td><td>四局</td><td colspan="2">雙星會向（山星下水）</td></tr>
<tr><td>甲</td><td>1 6
六</td><td>+3 -4
八</td><td>★5 2
一</td><td>庚</td><td>地運</td><td colspan="2">20年（九運 入囚）✓</td></tr>
<tr><td></td><td>6 1
二</td><td>★8 8
四</td><td>4 3
九</td><td></td><td>城門</td><td colspan="2">正城門：✗
副城門：〈丑方〉</td></tr>
<tr><td>〈丑〉</td><td colspan="3" align="center">壬向↓</td><td>戌</td><td>特記</td><td colspan="2">七星打劫（坎・巽・兌）</td></tr>
</table>

山2	鰥寡孤獨・災晦暗悶(재회암민)・疾病損人.	山7	火災・血症・傷殘・色癆(색로)・出入刻薄.	山9	出美女・法官・辯護士・軍事家・科學家.
水5	痲藥密輪(마약밀수)・怪疾橫禍・家破人亡.	水9	宜田源・溝圳(구수:도랑)之水・由小積大・漸富.	水7	服毒・吸毒・性病・火災・家破人亡.
山1	添丁・科甲功名不絶,出多聰慧謀士(총혜모사).	山3		山5	乏丁・絶嗣・痴呆・瘡疽癰癌・橫禍.
水6	宜遠秀,出文士・顧問・謀士.	水4		水2	鰥寡孤獨・災晦暗悶・疾病死喪.
山6	宜遠秀,出顧問・謀士.往來無白丁.	山8	出聖賢・高僧・善人・忠良・文士.	山4	肝膽病・反覆無常・娼妓淫蕩.
水1	勤儉創業・貴人提拔・出入近貴.	水8	進益田産・善於理財・巨富財閥(재벌).	水3	肝膽・腿脚之病,出浪子,淫婦・娼優.

辰		丙坐		未		運坐	八運 丙坐壬向（替卦） 157.5–160.5　169.5–172.5
	9 7 七	5 2 三	7 9 五			四局	山星：甲 向星：甲
甲	⑧ ⑧ 六	+3 -6 八	3 4 一	庚		地運	140年（六運 入囚）
	4 3 二	6 1 四	2 5 九			城門	正城門：✗ 副城門：〈丑方〉
〈丑〉		壬↓向		戌		特記	

山9	出美女・法官・ 辯護士・軍事家・ 佈道家.	山5	鰥寡孤獨・ 瘡癰瘤癌（창옹유암）・ 災晦怪異.	山7	血症・火災・ 跛・眇（묘）・缺脣・ 淫亂・姦殺.
水7	血症・火災・ 色癆・肢體傷殘・ 乏嗣.	水2	鰥寡孤獨・ 腹症・癌症・ 暗悶多病（암민다병）.	水9	宜田源・溝圳小水 ・由小積大・ 漸富（점부）.
山⑧	出聖賢・ 高僧（고승）・ 忠良（충량）・善人.	山1		山3	出賊丙（적면）・ 不明事理・不知進 退・手腳之病.
水⑧	進益田產土地・ 巨富財閥.	水6		水4	肝膽病・ 不明事理・好訟・ 浪蕩（낭탕）.
山4	肝膽病・懦弱怕事 （나약파사）・ 昧事不明・好訟.	山6	宜遠秀, 出文人, 亦發外姓承桃之子 (：外孫奉祀).	山2	鰥寡孤獨・ 久病暗悶・ 腫毒怪病.
水3	肝膽病・ 反覆失敗・ 出娼妓・俳優（배우）.	水1	勤儉興家・ 貴人相助・ 名利雙收.	水5	痲藥密輸・ 怪病・橫禍・ 家破人亡.

329

	午坐		運坐	八運 午坐子向(下卦) 175.5 – 184.5
巽		坤		

羅盤 flying star chart:

巽	午坐	坤
4 3 七	**8 8** 三	6 1 五
卯 5 2 六	-3 +4 **八**	1 6 一 酉
9 7 二	7 9 四	2 5 九
艮	↓ 子向 《乾》	

運坐	八運 午坐子向(下卦) 175.5 – 184.5
四局	雙星會坐(向星山星) (向星生氣 到向)
地運	100年(四運 入囚)
城門	正城門:《乾方》 副城門:✗
特記	

山 4	肝膽病・反覆無常・自命(自稱)清高・放蕩.	山 **8**	出文士・忠厚賢良・善有善報.	山 6	添丁,出文人秀士,亦發外姓承祧(승조).	
水 3	肝膽病・腿脚病(되:넓적다리)・劫盜官災・浪蕩.	水 **8**	錢財進益・田産富厚・兄弟提拔(형제제발).	水 1	勤儉興家,文士呈祥(정상),發福悠久.	
山 5	乏丁・絶嗣・癡呆・黄腫・怪異・横死.	山 3		山 1	出謀士・教師・名儒(명유)・思想家.	
水 2	腫瘤癌症・災晦怪異・鰥寡孤獨.	水 4		水 6	添丁・出文人秀士.退歡喜財.	
山 9	出佳麗美人・法官・辯護士・軍事家.	山 7	血症・火災・老化・跛・眇・缺脣(언청이)・色癆.	山 2	腫瘤癌症・災晦怪異・鰥寡孤獨.	
水 7	血症・火災・老化・跛(파)・眇(묘)・缺脣・色癆(색로).	水 9	宜田水・溝洫(구혁:도랑물)・主積富.	水 5	癡呆・黄腫・癌症・鬼神崇尙・死喪.	

巽		午坐		坤		運坐	八運 午坐子向（替卦） 172.5－175.5　　184.5－187.5
	3 5	7 1	5 3			四局	山星：艮 向星：酉
	七	三	五				
卯	4 4	-2 +6	9 ⑧	酉		地運	140年（六運 入囚）
	六	八	一				
	⑧ 9	6 2	1 7			城門	正城門：《乾方》 副城門：✗
	二	四	九				
艮		↓ 子向		《乾》		特記	山星合十

山 3	肝膽病・ 手腳殘疾・ 出賊盜強樑・凶死.	山 7	貪花戀酒・淫亂・ 腎臟病・ 聾啞(농아)・姦殺.	山 5	乏丁・絕嗣・傷殘 痴聾(상잔치롱)・ 怪病橫禍.
水 5	痳藥密輸・ 感電死・槍決・ 蛇咬・家破人亡.	水 1	勤儉興家(근검흥가) ・善於經營理財.	水 3	肝膽病・ 手腳傷殘・槍決・ 炸死・路死.
山 4	肝膽病・股病・ 乳病・氣喘・ 瘟疫(온역)・放蕩.	山 2		山 9	婚喜重來・ 子孫繁衍(번연)・ 職位崇顯(직위숭현).
水 4	放蕩多敗・肝病・ 風癱・ 醜聞(추문)・窒息.	水 6		水 ⑧	田園富盛・ 富貴壽考(수고:장수).
山 ⑧	喜慶連綿・ 位列朝班・ 子孫繁衍(번연).	山 6	寒熱往來・ 鬼神崇尙・ 迷信貪痴(미신탐치).	山 1	出儒雅・溫文・ 秀麗之人・ 參謀・外交家.
水 9	田園富盛・ 子孫蕃衍.	水 2	寒熱往來・ 鬼神崇尙・ 疾病死喪.	水 7	酒色破家・淫亂・ 腎臟病・肺病・ 姦殺.

巳	丁坐	申	運坐	八運 丁坐癸向 (下卦)
4 3 七	8 8 三	6 1 五		190.5 – 199.5
5 2 六	-3 +4 八	1 6 一	四局	雙星會坐(向星上山) (向星生氣 到向)
9 7 二	7 9 四	2 5 九	地運	100年 (四運 入囚)
寅	↓ 癸向	《亥》	城門	正城門:《亥方》 副城門:✗
			特記	

山 4	肝膽病・反覆無常・自命(自稱)清高・放蕩.	山 8	出文士・忠厚賢良・善有善報.	山 6	添丁,出文人秀士,亦發外姓承祧之子(승조자).
水 3	肝膽病・腿脚病(퇴:넓적다리)・劫盜・官災橫禍.	水 8	錢財進益・田產富厚・兄弟齊拔(형제제발).	水 1	勤儉興家,文士呈祥(정상),發福悠久(유구).
山 5	乏丁・絶嗣・痴呆・黃腫・怪異・橫死.	山 3		山 1	出參謀・教師・名儒(명유)・思想家.
水 2	腫瘤癌症・災晦怪異・鰥寡孤獨.	水 4		水 6	添丁・出文人秀士. 退歡喜財.
山 9	出佳麗美人・法官・辯護士・軍事家・佈道家.	山 7	血症・火災・老化・跛・眇・缺脣(언청이)・色癆.	山 2	腫瘤癌症・災晦怪異・鰥寡孤獨.
水 7	血症・火災・老化・跛(파)・眇(묘)・缺脣(결순)・色癆.	水 9	宜田水・溝洫(구혁:도랑물)・主積富.	水 5	癡呆・黃腫・癌症・鬼邪崇尙・死喪.

巳		丁坐		申	運坐	八運 丁坐癸向（替卦） 187.5-190.5　199.5-202.5
	3 5	7 1	5 3		四局	山星：寅 向星：辛
	七	三	五			
乙	4 4	-2 +6	9 ⑧	辛	地運	140年（六運 入囚）
	六	八	一			
	⑧ 9	6 2	1 7		城門	正城門：《亥方》 副城門：✗
	二	四	九			
寅		↓ 癸向		《亥》	特記	

山 3	肝膽病· 手腳殘疾·出賊盜 強樑·凶死	山 7	貪花戀酒·淫亂· 腎臟病· 聾啞(농아)·姦殺.	山 5	乏丁·絕嗣·傷殘 痴聾(상잔치롱)· 怪病橫禍.
水 5	瘋藥密輪·電死· 槍決·蛇咬· 家破人亡.	水 1	勤儉興家(근검흥가) ·善於理財投資.	水 3	肝膽病· 手腳傷殘·槍決· 炸死·路死
山 4	肝膽病·股病· 乳病·氣喘· 瘟疫(온역)·放蕩.	山 2		山 9	婚喜重來·子孫蕃 衍(자손번연)· 職位崇顯.
水 4	放蕩多敗·肝病· 風癱· 醜聞(추문).	水 6		水 ⑧	田園富盛· 工商百業發財.
山 ⑧	子孫蕃衍(번연)· 職位崇顯· 富貴壽考.	山 6	寒熱往來· 鬼神崇尚· 迷信貪痴(미신탐치).	山 1	出儒雅·溫文· 秀麗之人· 談判高手.
水 9	田園富盛· 鉅富旺丁(거부왕정).	水 2	寒熱往來· 鬼神崇尚· 疾病損人.	水 7	酒色破家· 淫亂·腎臟病· 肺病·姦殺.

八運 未坐丑向(下卦)

辰	丙	未坐
6 3 七	1 7 三	**8** 5 五
7 4 六 《甲》	-5 -2 八	3 9 一 庚
2 ⑧ 二	9 6 四	4 1 九
丑向	〈壬〉	戌

運坐	八運 未坐丑向(下卦) 205.5 − 214.5
四局	旺山旺向
地運	60年 (三運 入囚)
城門	正城門:《甲方》 副城門:〈壬方〉
特記	向星合十

山6	頭痛·脚傷·腦震蕩(뇌진탕)·剋妻·父子不和.	山1	生聰慧子女·謀士·語文專家·談判高手.	山**8**	出天才兒童·聖賢仙佛·高僧·孝義忠良.
水3	肝膽病·脚傷·惡父逆子·刀殺·路死.	水7	貪花戀酒·淫奔·損丁·破財·官非.	水5	出僧尼·橫禍·狗咬·腫毒·凶死.
山7	傷殘·毀容·盜賊·逃亡·牢獄(뇌옥)·姦殺.	山5		山3	出人不仁·刻薄·殘病剋妻·肝膽病.
水4	婦女不和·淫亂·毀容·姦殺·漂蕩.	水2		水9	廳堂再煥(청당재환) ·榮譽光輝 ·經商發財.
山2	出僧尼·靑孀寡婦·暗悶災晦·脾胃病.	山9	文章科第·職崇位顯·富貴壽考.	山4	淫蕩·肝病·氣喘·自縊·落水·流亡.
水⑧	田連阡陌(천맥)·理財致富·成長擴大(확대).	水6	血症·肺病·腦炎·頭病·腦出血·官司.	水1	勤儉興家·少年科甲·名播四海(명파사해).

辰	丙		未坐		運坐	八運 **未坐丑向**(替卦) *202.5-205.5　214.5-217.5*
6 3 七	1 7 三	8 5 五			四局	旺山旺向
7 4 六	-5 -2 八	3 9 一	庚		地運	60年(三運 入囚)
2 8 二	9 6 四	4 1 九			城門	正城門：《甲方》 副城門：〈壬方〉
丑向	〈壬〉	戌			特記	向星合十

《甲》（中段左方向）

山6	窒息·中風·氣喘(기천)·腿脚病·腰痛.	山1	庶妾生子·聰明榮顯·文武雙全.	山8	出高僧·尼師·隱士·居士·寺廟委員.
水3	發而分房不均·富貴門中亦出敗家子.	水7	淫亂·貪花戀酒·劫盜·刀傷·交戰.	水5	鰥寡孤獨·橫禍怪病·惡果惡報.
山7	肢體傷殘·氣喘·肝膽病·惡瘡潰爛(궤란).	山5		山3	出刻薄暴虐不仁之人·孽子劣女(일자렬녀).
水4	淫風醜聞·不仁不義·唯利是圖.	水2		水9	婦女興家·巨富·但社會風評不好.
山2	出僧尼鰥寡·脾胃病·狗咬獸傷(구교수상).	山9	添丁·出貴女·女丈夫·參謀·文學家.	山4	宜遠峰呈秀(정수)·出文秀·智識分子.
水8	發田產·房地產(:부동산)·畜牧山產發財.	水6	淫亂·殺傷·劫掠·殘疾·交戰·姦殺.	水1	勤儉創業·僅能富而有名·不能貴.

八運 坤坐艮向(下卦)

巽	午		坤坐	運坐	八運 坤坐艮向(下卦)
4 1	9 6	2 ⑧			220.5 – 229.5
七	三	五		四局	上山下水 · 返吟
3 9	+5 +2	7 4	酉		
卯 六	八	一		地運	60年(三運 入囚)
⑧ 5	1 7	6 3		城門	正城門：×
二	四	九			副城門：×
艮向	子		乾	特記	父母三盤卦

山 4	美人計 · 淫蕩 · 婦女落水 · 淫婦殺姦夫.	山 9	貴客而長壽 · 碩學宿儒(석학숙유).	山 2	腹病 · 精神異常 · 出僧尼青孀寡婦.
水 1	勤儉興家 · 海外創業 · 名香四海.	水 6	血症 · 肺病 · 腦出血 · 腦炎 · 骨病.	水 ⑧	田產富盛 · 巨富財閥(재벌).
山 3	男盜女淫 · 刻薄暴虐(각박포학) · 官訟是非.	山 5		山 7	傷殘 · 毀容 · 淫亂 · 刀殺 · 勒死 · 出娼妓.
水 9	招財進寶 · 華廈鼎新(정신:혁신) · 名庭光顯.	水 2		水 4	出賣色相 · 拍裸(照勒索(나체 사진협박) · 姦殺.
山 ⑧	出天才兒童 · 聖賢仙佛 · 警察(경찰) · 高僧.	山 1	添丁 · 出智者 · 謀士 · 談判高手 · 語文家.	山 6	頭痛 · 腦震蕩 · 孤獨 · 官司 · 惡父逆子.
水 5	痲藥密輸 · 痴呆(치매) · 惡報 · 怪病 · 破產.	水 7	仙人跳(선인도:미인 계) · 貪花戀酒 · 淫奔逃亡.	水 3	肝膽病 · 脚傷 · 墜落傷 · 雷打 · 刀傷 · 劫盜.

八運 坤坐艮向 (替卦)

巽	午	坤坐		運坐	八運 坤坐艮向 (替卦)
					217.5-220.5　229.5-232.5

巽　　午　　坤坐	運坐	八運 坤坐艮向 (替卦)
		217.5-220.5　229.5-232.5

	午		坤坐
4 1　七	**9 6**　三	**2 ⑧**　五	

坤坐

運坐	八運 坤坐艮向 (替卦) 217.5-220.5　229.5-232.5
四局	上山下水・返吟
地運	60年 (三運 入囚)
城門	正城門：✗ 副城門：✗
特記	父母三盤卦

九宮図：

巽	午	坤坐
4 1　七	**9 6**　三	**2 ⑧**　五
3 9　六　卯	**+5 +2**　（八）	**7 4**　一　酉
⑧ 5　二　艮向↙	**1 7**　四　子	**6 3**　九　乾

山 4	姦婦姸婦・ 淫風醜聞. 宜遠秀, 出文人.	山 9	貴客而長壽・ 人丁旺盛.	山 2	出僧尼・青孀寡 婦・暗悶災晦・ 久病纏綿 (전면).
水 1	長子放蕩・ 辛勤創業 (신근창업). 宜遠水.	水 6	淫亂・劫掠・ 爭戰・骨病 血症.	水 ⑧	驟發驟敗・ 要暗拱之水, 方不敗.
山 3	男盜女娼・ 肝膽病・ 肢體傷殘.	山 5		山 7	男盜女娼・ 生病官災・ 肢體傷殘.
水 9	宜遠小之水, 積富. 忌近水, 驟發驟敗.	水 2		水 4	淫風醜聞・ 驟發驟敗・肝病・ 股病 (넓적다리병).
山 ⑧	出高僧尼師 (니사)・ 隱士・居士.	山 1	旺人丁・出智者・ 謀士・ 碩學宿儒.	山 6	頭痛・中風・ 長幼無序・ 男女不倫.
水 5	財來而破・ 因果應報・ 狗咬獸傷.	水 7	淫亂・劫掠・ 交戰不和・ 姦殺・官訟是非.	水 3	犬咬・蛇咬・ 墜落傷・脚氣病・ 肝腎病.

尋龍點穴

八運 申坐寅向(下卦)

		申坐	運坐	八運 申坐寅向(下卦) 235.5 - 244.5
巳 丁				
4 1 七	9 6 三	2 ⑧ 五	四局	上山下水·返吟
3 9 六	+5 +2 八	7 4 一	地運	60年(三運 入囚)
乙		辛	城門	正城門：× / 副城門：×
⑧ 5 二	1 7 四	6 3 九	特記	父母三盤卦
寅向 癸		亥		

山 4	美人計·淫蕩· 婦人投水· 淫婦殺姦夫.	山 9	貴客而長壽· 碩學宿儒(석학숙유).	山 2	腹病·精神異常· 出僧尼· 暗悶災晦.
水 1	勤儉興家· 海外創業· 名利雙收.	水 6	血症·肺病· 腦出血· 逆子逆婦·骨病.	水 ⑧	田產富盛· 巨富財閥(재벌)· 周轉靈活.
山 3	男盜女淫· 刻薄暴戾(각박폭려)· 官訟是非.	山 5		山 7	傷殘·淫亂· 刀殺·勒死· 娼妓·婦女不睦.
水 9	招財進寶· 華堂煥彩· 富貴福壽.	水 2		水 4	氣喘(기천)· 窒息·姦殺· 色情紛糾(분규).
山 ⑧	出天才兒童· 聖賢仙佛· 警察(경찰)·高僧.	山 1	添丁(첨정:출산)· 出智者·謀士· 談判高手.	山 6	頭痛·腦震蕩· 父子不和·官司· 孤獨.
水 5	痲藥密輪· 昏迷痴呆(치매)· 惡報·破産.	水 7	仙人跳(선인도:미인계)·貪花戀酒· 色情紛糾.	水 3	肝膽病·脚傷· 摔傷(솔상)·雷打· 刀傷·劫盜.

	八運 **申坐寅向**(替卦)
運坐	232.5-234.5　244.5-247.5
四局	山星：寅(下水) 向星：乙
地運	40年(一運 入囚)
城門	正城門：✗ 副城門：✗
特記	伏吟

坐山盤

巳	丁	申坐
4 9 七	9 5 三	2 7 五
3 ⑧ 六	+5 +1 八	7 3 一
⑧ 4 二	1 6 四	6 2 九

乙　　　　　　　　　　辛

寅向　　癸　　　　亥

山 4	自縊・勒死・孤伶(고령:고독)・乳腺炎・肝膽病.	山 9	文章科第驟至(취지)・出貴子榮宗耀祖.	山 2	血症・產厄・官訟是非・損胎・乏嗣・淫賤.
水 9	巨富好義・經常獲暴利.	水 5	目疾・腸癰・心疼・人財耗乏.	水 7	殘疾破相・吐血・落胎・淫亂・橫禍.
山 3	出盜賊・四肢傷殘(상잔)・兄弟不和・肝膽病.	山 5		山 7	刀傷・車禍・肺病・喉症・姦殺・官災.
水 ⑧	發財進產・文才魁元(괴원:수석)・多添男子.	水 1		水 3	手腳傷殘・肝膽病・劫盜(겁도)・男盜女娼.
山 ⑧	出在野賢才・居士・園藝家(원예가).	山 1	添丁出貴,科甲連登.	山 6	寒熱往來(한열왕래)・鬼神不安・孤獨・老化症.
水 4	風濕關節症・肝膽病・氣喘・損幼丁(유정).	水 6	添丁,出文秀,退歡喜財.	水 2	寒熱往來・鬼神崇尙・胃腸病.

339

八運 庚坐甲向(下卦)

辰	丙	未		運坐	八運 庚坐甲向(下卦) 250.5 - 259.5
9 7 七	★5 2 三	7 9 五		四局	雙星會向(山星下水)
★⑧ ⑧ 六 (甲向 ←)	+1 -6 八	3 4 一 (庚坐)		地運	100年(四運 入囚)
4 3 二	6 1 四	★2 5 九		城門	正城門:《丑方》 副城門:×
《丑》	壬	戌		特記	★七星打劫(離·乾·震)

山9	出女丈夫·美女·辯護士·法官·外科醫·軍事家.	山5	出美女·辯護士·法官·軍事家·佈道家(포도가).	山7	火災·血症·傷殘·淫亂·色癆(폐결핵)·姦殺.
水7	血症·火災·跛·肬(두)·缺骨·姦殺·刀傷.	水2	火災·血症·傷殘·淫亂·姦殺·仇殺(구살).	水9	宜田水·溝圳(구수:도랑물)·由小積大·漸富.
山⑧	出孝子·忠臣·義士·賢人·高僧·文人.	山1		山3	出賊丐娼優·昧事不明之人·肝膽病·腰脚病.
水⑧	巨富財閥·富而好善禮佛.	水6		水4	聲色犬馬·反覆無常·淫蕩·破家.
山4	肝膽病·四肢酸麻(산마)·腰酸背痛·出娼優.	山6	出聰秀之子·科甲功名·參謀·顧問(고문).	山2	鰥寡孤獨·瘡痕(창저)·癲癇·暗悶災晦.
水3	聲色太馬(성색태마)·作事反覆·賊盜娼優.	水1	貴人提拔·勤儉興家·往來無白丁(백정:백수건달).	水5	昏迷痴獃(어리석음)·怪病橫禍·家破人亡.

辰	丙	未	運坐	八運 庚坐甲向（替卦） 247.5-250.5　259.5-262.5
1 7 七	6 2 三	⑧9 五	四局	山星：未 向星：甲(旺向)
9 ⑧ 六　甲向 ←	+2 -6 八	4 4 一　庚坐	地運	140年(六運 入囚)
5 3 二	7 1 四	3 5 九	城門	正城門：《丑方》 副城門：✗
《丑》	壬	戌	特記	

山 1	生貴子・出名士・ 青於出藍・ 廉潔清白(염결청백).	山 6	鬼神不安・ 寒熱往來・ 老夫婦不和.	山 ⑧	位列朝班・ 子孫繁榮(자손번영)・ 功名顯達.
水 7	酒色破家・ 盜殺・姦殺・ 情殺・刑殺.	水 2	鬼神不安・寒熱往 來・胃下垂・ 老夫婦不和.	水 9	財喜連添(재희연첨)・ 進田産土地・ 人旺財興.
山 9	結婚重重・ 職位顯達(현달：명성 이 자자함).	山 2		山 4	肝膽病・乳病・ 股病(고병)・ 出浪蕩之人.
水 ⑧	發財進産・ 巨富榮顯・ 福祿豊厚(복록풍후).	水 6		水 4	損丁敗財・ 肝膽病・氣喘・ 紅杏出牆.
山 5	乏丁・絶嗣・ 腫毒・出亡命之徒 ・横死.	山 7	淫賤・情殺・ 姦殺・殘疾(잔질)・ 官非口舌.	山 3	肝癌・膽石症(담석 증)・脚病・ 出暴徒・逆子.
水 3	肝癌・膽石症・ 脚病・長子暴斃(폭 폐)横死.	水 1	宜長流之玄秀水, 主勤儉興家(근검흥 가).	水 5	販毒・密輸(밀수)・ 腫毒・横禍・ 家破人口.

〈巽〉	午	坤	運坐	八運 酉坐卯向(下卦) 265.5 - 274.5
2 5 七	**6 1** 三	**4 3** 五	四局	雙星會坐(向星上山)
卯向 ←	**3 4** 六	**-1 +6** 八	**⑧ ⑧** 一 酉坐	地運	140年(六運 入囚)
艮	**7 9** 二	**5 2** 四	**9 7** 九	城門	正城門: ✕ 副城門:〈巽方〉
	子	乾	特記	

山 2	疾病・死亡・出寡婦・乏嗣(핍사:절손).	山 6	宜來龍, 出貴子・讀書之聲三元不絶(삼원:180년).	山 4	出反覆無常之人・長婦(장부:큰며느리)重病.
水 5	脾胃病(비위병)・黃腫(황종)・出鰥夫.	水 1	科甲・出貴. 若大湖圓亮, 一運 定發科名(자오년응).	水 3	肝病・足病・官訟・刑殺・損丁(:사람이 다침).
山 3	官司・刑訟・損丁・肝膽病・脚病(각병:다리병).	山 1		山 ⑧	※宜遠山, 出貴丁・高僧(고승)・賢人(현인).
水 4	出放蕩(방탕)・反覆無常之人.	水 6		水 ⑧	當元發財, 利田産・畜牧(축목)・房地産.
山 7	季房退丁口(계방)・淫亂・乏嗣・傷殘.	山 5	少人丁・出鰥夫(출환부:홀아비)・疾病・損主.	山 9	※宜來龍, 出貴子・美女.
水 9	宜暗水(암수:보이지 않는 물), 九運 發財・積富.	水 2	疾病・損主・破損・出寡婦(출과부).	水 7	好酒色・血症(혈증)・火災・殘疾(잔질).

八運 酉坐卯向（替卦）

〈巽〉	午	坤		運坐	八運 酉坐卯向（替卦） 262.5–265.5　　274.5–277.5
2　5 七	6　1 三	4　3 五		四局	雙星會坐
3　4 六	-1　+6 八	⑧　⑧ 一	酉坐	地運	140年（六運 入囚）
7　9 二	5　2 四	9　7 九		城門	正城門：✗ 副城門：〈巽方〉
艮	子	乾		特記	

卯向 ←

山 2	疾病・死亡・ 出寡婦(과부)・ 乏男丁.	山 6	宜來龍, 長房出貴子・ 文士.	山 4	出人昧事無常 (매사무상)・ 長婦重病.		
水 5	脾胃病(비위병)・ 黃腫(황종)・ 喪妻(상처).	水 1	※一運 出科甲 (寅午戌子年應).	水 3	肝病(간병)・ 足病・官訟・ 刑殺・損丁.		
山 3	官訟(관송)・刑殺・ 損丁・肝膽病・ 脚病.	山 1		山 ⑧	※宜遠山, 生貴子・ 賢人(현인).		
水 4	出人淫蕩(음탕)・ 反覆無常之人.	水 6		水 ⑧	當元(:八運)進財, 發田產・ 畜牧(축목).		
山 7	季房退人口(계방: 셋째아들)・ 淫亂・殘疾.	山 5	少人丁・※出鰥夫 (출환부:홀아비)・ 疾病・損主.	山 9	※宜來龍, 出貴子・美女.		
水 9	宜暗水(암수:보이지 않는 물)・ 九運 發財・積富.	水 2	疾病・損主・ 退財・ ※出寡婦(출과부).	水 7	酒色破家・血症・ 火光(:火災)・ 殘疾(잔질).		

343

尋龍點穴

〈巳〉	丁		申	運坐	八運 辛坐乙向(下卦) 280.5 - 289.5
	2 5 七	6 1 三	4 3 五	四局	雙星會坐(向星上山)
乙← 向	3 4 六	-1 +6 八	8 8 一	辛坐	地運	140年(六運 入囚)
	7 9 二	5 2 四	9 7 九	城門	正城門 : ✗ 副城門 : 〈巳方〉
寅	癸		亥	特記	

山 2	疾病・死亡・ 出寡婦・ 患癌症(환암증).	山 6	宜來龍, 出貴子・ 功名不絶(공명부절).	山 4	出昧事無常之人・ 長婦(장부:큰며느리) 重病.
水 5	脾胃病(비위병)・ 黃腫(황종)・ 剋妻(극처).	水 1	若有湖水圓亮, 一運 出科甲 (寅午戌子年應).	水 3	肝病・足病・ 官訟・刑殺・ 損丁(:사람이 다침).
山 3	官訟・刑殺・ 損丁・ 出賊盜(출적도).	山 1		山 8	※宜遠山(의원산), 出貴丁・ 出高僧(출고승).
水 4	長房風聲 (풍성:나쁜 평판)・ 出昧事無常者.	水 6		水 8	當元發財, 房地産・ 山産大利.
山 7	季房人丁冷退・ 肺病・性病・ 火厄.	山 5	疾病・損人丁・ 少男丁・ 絶嗣(절사:절손).	山 9	※宜來龍, 生貴子・美女・ 出辯護士(변호사).
水 9	宜暗水(암수:보이지 않는 물)・ 九運 發財	水 2	疾病・損主・ 退財・ 出寡婦(출과부).	水 7	酒色破家 (주색파가)・血症・ 火災・殘疾.

八運 辛坐乙向（替卦）

〈巳〉 丁 申	運坐	八運 辛坐乙向（替卦） 277.5-280.5　289.5-292.5
2 5　**6 1**　**4 3** 七　　三　　五	四局	雙星會坐
乙← **3 4**　**-1 +6**　**8 8** 向　六　　八　　一　辛坐	地運	140年（六運 入囚）
7 9　**5 2**　**9 7** 二　　四　　九	城門	正城門：✗ 副城門：〈巳方〉
寅 癸 亥	特記	

山 2	疾病・死亡・ 出寡婦・乏嗣.	山 6	宜來龍(의래룡), 長房出貴子.	山 4	出昧事無常之人・ 長婦(장부:큰며느리) 重病.
水 5	脾胃病(비위병)・ 黃腫(황종)・剋妻.	水 1	若有湖水放光於丁 方, 一運 出科甲.	水 3	肝病・足病・ 官訟(관송)・ 刑殺・損丁.
山 3	官訟・刑殺・ 損丁・ 出人不明理.	山 1		山 8	※宜遠山, 季房出貴子・ 賢者.
水 4	長房風聲・出昧事 (매사:능력부족)無常 之人.	水 6		水 8	當元進財, 發田産土地.
山 7	季房人丁冷退・ 色癆・官訟.	山 5	疾病・損人・ 少男丁・腫毒・ 絶嗣.	山 9	※宜來龍, 中房出貴子・ 美女.
水 9	宜暗水(암수:보이지 않는 물), 九運 發財・積富.	水 2	疾病・損主・ 退財・ 出寡婦(출과부).	水 7	酒色破家・ 血症(혈증)・火災・ 剋妻(극처:상처).

尋龍點穴

八運 戌坐辰向(下卦)

<table>
<tr><td colspan="3">
辰向   丙   未
8 6   4 2   6 4
七   三   五
〈甲〉 7 5   +9 +7   2 9   庚
六   八   一
3 1   5 3   1 ⑧
二   四   九
丑   壬   戌坐
</td></tr>
</table>

運坐	八運 戌坐辰向(下卦) 295.5 – 304.5
四局	上山下水
地運	160年 (七運 入囚)
城門	正城門 : ✗ 副城門 : 〈甲方〉
特記	連珠三盤卦

山⑧	出文韜武略(문도무략)之才 · 善人 · 賢人.	山4	山岡硬直, 出悍婦(한) · 臌脹(고창) · 肝膽病.	山6	官司 · 肺氣腫 · 頭風 · 肝硬化 · 自縊(자액).
水6	退産業 · 功名無望 · 消極(소극) · 卑微(비미).	水2	出寡婦 · 胃腸病 · 家業凌替(능체:쇠퇴).	水4	因色破財 · 肝膽病 · 窒息(질식) · 腿病.
山7	退人口, 出盜賊 · 娼妓 · 殘疾(잔질) · 死刑.	山9		山2	宜水外遠秀之峰, 三運 添子.
水5	販毒(판독) · 密輪 · 服毒 · 殘廢 · 死刑.	水7		水9	宜小水 · 暗水 九運 發財.
山3	出賊盜 · 長子放蕩 · 溺水(익수:물에 빠짐).	山5	仲房損丁 · 絶嗣, 肝膽病 · 殘廢.	山1	宜水外遠秀之峰, 一運 出貴.
水1	宜之玄長流水, 勤儉創業.	水3	肝膽病 · 肢體殘廢(지체잔폐) · 家破人亡.	水⑧	當元進財, 富貴壽考 (수고:장수).

辰向	丙	未		運坐	八運 *戌坐辰向*（替卦） 292.5-295.5　304.5-307.5
6 ⑧ 七	2 4 三	4 6 五		四局	旺山旺向
5 7 六	+7 +9 八	9 2 一	〈甲〉 庚	地運	20年（九運 入囚）✔
1 3 二	3 5 四	⑧ 1 九		城門	正城門：✗ 副城門：〈甲方〉
丑	壬	戌坐		特記	連珠三盤卦

山 6	長房人丁冷退, 出鰥夫 獨夫(독신남자).	山 2	姑婦不和・ 脾胃病・ 暗悶抑鬱(암민억울).	山 4	窒息(窒:막힐 질)・ 男女不倫・ 股病・刀傷.
水 ⑧	發財・父慈子孝・ 門庭光顯(문정광현).	水 4	水路直射, 惡婦欺姑(악부기고)・ 黃腫・股病.	水 6	姦淫・官司・ 退財・爲財惹禍 (惹:일으킬 야).
山 5	乏男丁・絶嗣・ 橫禍(횡화)・ 怪病・凶死.	山 7		山 9	九運 旺丁, 加官晋 爵(가관직작:승진)・ 名聞天下.
水 7	殘疾・吸食毒品・ 肺病・喉症・ 色癆(색로).	水 9		水 2	目疾・心疼・ 腸炎・胰臟炎(:췌 장염)・難産.
山 1	生貴子・得減刑或 特赦(특사)・ 出特任官.	山 3	出賊盜・ 暴戾之人(폭려)・ 肝膽病・路死.	山 ⑧	出文人名士・ 富貴壽考 (수고:장수).
水 3	動盪離散(동탕이산), 分屍・溺水(익수)・ 落入陷穽.	水 5	販毒・密輪・賭博 傾家(도박경가)・ 破産(파산).	水 1	忌大水, 主損丁・ 出聾啞・ 智障兒(지장아).

尋龍點穴

巽向↖	《午》	坤	運坐	八運 乾坐巽向(下卦) 310.5 − 319.5
	1 ⑧ 七　 5 3 三　 3 1 五		四局	旺山旺向
卯	2 9 六　 -9 -7 八　 7 5 一	酉	地運	160年(七運 入囚)
	6 4 二　 4 2 四　 ⑧ 6 九		城門	正城門：《午方》 副城門：✕
艮	子	乾坐	特記	

山1	一運 旺丁出貴, 文武全才(문무전재).	山5	少人丁·凶死· 手脚崎形(수각기형) ·出暴徒.	山3	官訟·破敗· 損丁·蛇咬(:뱀에 물림)·溺水.
水⑧	富貴, 出學者, 賢人(현인).	水3	肝膽病(간담병)· 災禍橫死(재화횡사).	水1	一運 發財, 勤儉創業(근검창업).
山2	三運 旺人丁. 八運 多病.	山9		山7	服毒· 吸毒(흡독:대마초)· 性病·肺病.
水9	九運 發財, 竝旺人文(병왕인문).	水7		水5	凶災橫禍· 破産(파산)· 癌症(암증).
山6	剋妻(극처:상처)· 官司刑獄(형옥)· 肺病.	山4	肝膽·股(고)· 氣喘病·姑婦不和 (고부불화).	山⑧	武貴, 出忠臣孝子, 積德善行.
水4	肝膽·股(고)· 氣喘病· 勞碌(노록:고생).自縊.	水2	三運 發財. 八~一運 運出寡婦.	水6	損丁, 老人孤獨· 癡呆(치매).無識.

巽向	《午》	坤	運坐	八運 乾坐巽向(替卦) 307.5-310.5　319.5-322.5
1 ⑧ 七	5 3 三	3 1 五	四局	旺山旺向
2 9 六	-9 -7 八	7 5 一	地運	160年(七運 入囚)
6 4 二	4 2 四	⑧ 6 九	城門	正城門:《午方》 副城門: ✗
艮	子	乾坐	特記	

卯　　　酉

山 1	一運, 旺丁出貴, 出教育家.	山 5	少人丁·凶死. 長房出暴戾(폭려) 不法之人.	山 3	脚病·膽病(담병)· 出賊盜· 蛇咬(:뱀에 물림).
水 ⑧	富貴, 勤儉創業· 房房皆發(방방개발 :모두 발복).	水 3	肝病(간병)· 橫禍凶死· 出盜賊(출도적).	水 1	一運長· 仲房發財· 出文武人才.
山 2	三運, 人丁旺盛· 出文人畵家.	山 9		山 7	服毒·吸毒(흡독)· 性病· 肺病·酒色亡身.
水 9	九運長房發財, 宜小水.	水 7		水 5	凶災橫禍·性病· 殘廢(잔폐)·死刑.
山 6	剋妻(극처:상처)· 長房人丁冷退(냉퇴 :쇠퇴).	山 4	肝膽·股(고)· 氣喘病· 出乞丏(걸면:거지).	山 ⑧	武貴, 出忠臣孝子· 積善行仁.
水 4	肝膽·股(고)· 氣喘病· 窒息死(질식사).	水 2	三運 發財, 積富 中獎(중장:복권).	水 6	損丁· 老人孤獨癡呆(치매) ·退敗.

巳向↖	《丁》	申		運坐	八運 亥坐巳向（下卦） 325.5 - 334.5
1 ⑧ 七	5 3 三	3 1 五		四局	旺山旺向
2 9 六	-9 -7 八	7 5 一	乙 辛	地運	160年（七運 入囚）
6 4 二	4 2 四	⑧ 6 九		城門	正城門：《丁方》 副城門：✕
寅	亥	亥坐		特記	

山1	宜狀元（:文筆）峰・ 祖山, 出貴.	山5	少人丁・ 凶災橫死（흉재횡사）, 甚至絶嗣（절사）.	山3	忌探頭山（탐두산: 엿보는 산）・ 出盜賊・蛇咬.
水⑧	當元發財, 出文人秀士.	水3	雷殛（뇌극:벼락사망） ・槍殺・橫死・ 出盜賊.	水1	一運 發財, 出發明家・ 創業者（창업자）.
山2	胃腸病・眼病・ 人物愚庸（우용）・ 出寡婦.	山9		山7	吸毒（흡독:대마초）・ 好酒色・性病・ 肺癆（폐로）.
水9	九運 發財 旺丁・榮顯・ 長壽.	水7		水5	吸毒・服毒・ 販毒・走私（주사:밀 수）・橫禍.
山6	勞苦不絶（노고불절） ・剋妻・ 男女不倫.	山4	出乞丐・ 姑婦不和（고부불화） 股病・肝膽病.	山⑧	人才蔚起（蔚:무성할 울）・藝業精通・ 文武全能.
水4	窒息・肝膽病・ 刀傷・股病・ 自縊.	水2	風疾・腹病・ 癌腫・主母遭殃.	水6	鰥寡孤獨・ 長房退敗.

巳向	《丁》	申	運坐	八運 亥坐巳向 (替卦) 322.5–325.5　334.5–337.5

表格：

1 ⑧ 七	5 3 三	3 1 五	運坐
2 9 六	-9 -7 八	7 5 一	
6 4 二	4 2 四	⑧ 6 九	

運坐	八運 亥坐巳向 (替卦) 322.5–325.5　334.5–337.5
四局	旺山旺向
地運	160年 (七運 入囚)
城門	正城門:《丁方》 副城門: ✗
特記	

巳向　乙　寅　癸　亥坐　申　辛　亥坐

山1	宜文筆峰(문필봉), 出思想家・教育家.	山5	少人丁・凶災橫死(흉재횡사).	山3	蛇咬・蜂螫(봉석)・長房出浪蕩子・賊盜.
水⑧	當元發財, 富而有德.	水3	出盜賊, 巳命人當之;博弈亡家(박혁망가).	水1	秀水之玄, 出貴子・思想家.
山2	出愚庸(우용:어리석음)之人・尖峰興訟・刑獄.	山9		山7	季房大敗,凶死常生・吸毒(:대마초)・服毒.
水9	青蚨闐闐(청부전전:부자)・富而多子.	水7		水5	暴發暴敗(暴:갑자기 폭)・癲藥密輪.
山6	剋妻(극처:상처)・頭風・人丁冷退(냉퇴:쇠퇴).	山4	山崗直來撞脅(당협)室有欺姑之婦.	山⑧	少年早發, 武貴宜御屏山(어병산).
水4	出乞丐(걸면:거지)・逃亡之人.	水2	久病・癌腫・因小失大, 貪心失財.	水6	子不孝・父不慈・無嗣, 長房冷退.

謙山 崔明宇

● 대한현공풍수지리학회 부설 연구소장

尋龍點穴 심룡점혈

1판 1쇄 인쇄 | 2015년 07월 01일
1판 1쇄 발행 | 2015년 07월 07일

지은이 | 최명우
펴낸이 | 문해성
펴낸곳 | 상원문화사
주소 | 서울시 은평구 신사1동 32-9호 대일빌딩 2층
전화 | 02)354-8646 · **팩시밀리** | 02)384-8644
이메일 | mjs1044@naver.com
출판등록 | 1996년 7월 2일 제8-190호

책임편집 | 김영철
표지 및 본문디자인 | 개미집

ISBN 979-11-85179-13-1 (03180)

이 도서의 국립중앙도서관 출판예정도서목록(CIP)은 서지정보유통지원시스템 홈페이지
(http://seoji.nl.go.kr)와 국가자료공동목록시스템(http://www.nl.go.kr/kolisnet)에서 이
용하실 수 있습니다. (CIP제어번호 : CIP2015013713)